천사님, 죄송한데요
행복이 뭔지 잘 모르겠어요

# 천사님, 죄송한데요
# 행복이 뭔지 모르겠어요

**초판 1쇄 인쇄**  2021년 01월 25일
**초판 1쇄 발행**  2021년 01월 30일

**지은이**  김천사
**펴낸이**  인창수
**펴낸곳**  태인문화사
**신고번호**  제10-962호(1994년 4월 12일)
**주  소**  서울특별시 마포구 독막로 28길 34
**전  화**  02) 704-5736
**팩  스**  02) 324-5736
**이메일**  taeinbooks@naver.com

ⓒ김천사, 2021

ISBN  978-89-85817-88-2(03190)

행복의
비밀을
찾아서

천사님, 죄송한데요
# 행복이 뭔지
# 잘 모르겠어요

김천사 지음

"행복은 여러분 스스로 만들 수 있다는 걸 아세요?"
"무슨 말인가요? 행복을 제가 어떻게 만들어요?"

태인문화사

# 천사의 행복의 비밀을 찾아서

제 이름은 김천사입니다. 이름이 좀 특이하지요? '천사'라니? 덕분에 어릴 때는 친구들에게 놀림깨나 받았습니다. 악마니, 사탄이니 하면서요. 저조차 '천사가 뭐야?'라며 돌림자를 넣은 이름으로 바꾸려고도 했어요. 그러나 의미도 좋고, 한번 들으면 누구나 쉽게 기억하고, 부르기도 쉬운 이름임을 깨달은 이후로는 부모님께 감사하며 자랑스럽게 사용하고 있습니다.

제가 태어날 무렵 중국에 살고 계셨던 부모님께서는 열두 남매를 낳으셨다 합니다. 그러나 아홉을 잃고 겨우 2남 1녀만 거두고 계셨는데, 마지막으로 아들 하나를 또 잃으신 직후 극적으로 저를 얻어 모두 열세 명을 낳으셨습니다. 아버님은 저를 낳자 "얘는 하늘이 우리 부부에게 내려주신 선물이다"라고 하시며 제 이름을 '천사'라 지으셨다 합니다.

그러니까 제 이름 천사는 '하느님의 심부름을 한다'는 의미의 시킬 사(使) 자를 쓴 천사(天使, Angel)가 아니라, '하늘이 내려준 사람'이라는 의미의 줄 사(賜) 자를 쓴 천사(天賜)이죠. 그래서 인터넷 별명을 '하늘내림'이라 지었습니다.

하늘이 저를 내려주시면서 온 세상 사람들이 행복하게 살게 하시려고 그랬을까요? 저는 중고교 시절부터 '행복'이라는 추상명사에 관심이 참 많았습니다. '행복이란 무엇일까?', '어떻게 하면 행복하게 살 수 있을까?' 같은 생각을 가끔씩 했죠. 그러면서 친구들과 이런 대화를 나누기도 했습니다.

"행복에 대해 생각해본 적 있니?"

"당연히 있지, 행복에 대해선 누구나 생각해보는 거 아냐?"

"그렇지? 그럼 행복을 뭐라고 생각하니?"

이 질문에는 답을 하는 대신 고개를 갸웃거리더군요. 그래서 다음 질문을 해봅니다.

"행복하게 살고 싶지?"

그럼 바로 이런 대답이 나와요.

"당연하지. 행복하게 살고 싶지 않은 사람이 어디 있겠니."

"그래? 그렇다면 행복하게 살기 위해서 구체적으로 뭘 하니?"

"넌 참 이상하다. 뭐 그런 걸 자꾸 묻니? 행복하기 위해서 따로 할 일이 뭐가 있어? 돈만 많이 벌면 행복하게 살 수 있는 거 아냐?"

이렇듯 행복을 화제로 올리면 첫 반응은 대략 비슷합니다. '다 아는 걸 새삼스럽게 왜?' 같은 반응을 보이죠. 그러나 위의 대화에서 보듯이 '행복은 무엇이다'라고 쉽게 답할 수 있는 사람은 거의 없더군요.

이렇듯 행복이 무엇인지를 정확히 모르니까 큰돈을 벌려고, 높은 지위에 오르려고, 명예를 구하려고, 소위 '명품'이라는 걸 가지려고, 대중의 인기를 얻으려고 하는 거 아니겠습니까. 그런 것들이 행복을 가져온다고 믿으니까요. 안타깝지만 그런 행복 찾기의 대상은 행복을 지속시키지 못하더군요. 내 수중에 지금 가지고 있는 것도 아니고요.

그러나 행복에 대해 잘못 알고 있는 사람들이라도 "행복이 어디에 있다고 생각하십니까?"라고 질문하면 대부분 "마음속에 있습니다"라고 대답합니다. 그러면 그 사람들에게 이렇게 질문했지요.

"행복은 여러분 스스로 직접 만들 수 있다는 걸 아세요?"

그러면 대개 이런 반응을 보이더군요.

"무슨 말인가요? 행복을 제가 어떻게 만들어요?"

그러니까 그런 사람들은 자기 마음속에 들어있는 행복을 불러내는 데는 별 관심이 없는 거죠. 자기 마음속을 제외한 이 세상 어디에도 존재하지 않는 행복을 찾는 데만 골몰하는 겁니다.


그래서 저는 이 책에서 행복에 대해 진지하게 이야기해보려고 합니다. 추상적 단어인 행복의 개념이나 철학적 의미를 이야기하려는 것이 아니에요. 우리 모두가 마음속에 갖고 있는 행복을 불러내는 방법에 대해 이야기해보려는 거죠. 행복의 상징인 '파랑새'에 관한 이론적인 이야기가 아니라, 바로 그 '파랑새'를 키우는 법에 대해 구체적으로 이야기하려는 거죠.

제 이야기를 다 듣고 나면 행복에 대해 잘 알 수 있게 될 겁니다. 행복을 이끌어내는 방법을 알게 되어 행복한 삶을 설계할 수 있게 되죠. 행복한 삶이 훌륭한 삶이라는 사실도 깨우칠 수 있습니다. 행복하게 사는 방법과 훌륭하게 사는 방법은 다르지 않으니까요.

부디 이 책을 읽으실 우리나라 사람들 모두가 밝은 표정을 짓고서 "난 행복하게 살고 있습니다"라고 말할 수 있게 되면 좋겠습니다.

2020년 아름다운 가을날에

하늘내림 김천사(金天賜)

# 차례

# 지금,
# 당신은 행복한가요?

## 우리는 왜 행복하지 않다고 할까요?

우리나라는 1960년대 중반까지만 해도 전형적인 '가난한 농경국가'였습니다. 심지어 지금은 우리나라에 노동자를 보내거나 원조를 받는 나라들이 우리나라보다 더 잘살았었죠.

이후 급속한 산업화로 부유해지더니, 1990년대에는 세계적 수준의 경제력을 갖추기에 이르렀습니다. 대단히 자랑스러운 일이죠.

하지만 안타깝게도 그 과정에서 그만 물질적 풍요를 최고의 가치로 여기는 잘못을 저지르게 됩니다. 농경사회에서 산업사회를 거쳐 정보화사회로 이르는 사회 발전 과정이 너무 짧고 과격하게 진행된 탓이죠.

## 가치관 혼재의 시대

이전의 우리나라는 주변 나라에서 '동방예의지국'이라는 칭송을 들었습니다. 그런데 과연 지금도 동방예의지국일까요? 오래전부터 지켜오던 아름다운 정신적 가치를 물질적 풍요와 맞바꾸지는 않았나요? 위법 · 탈법, 언어적 · 물리적 폭력, 떼쓰기와 기타 불공정한 행위가 만연한 걸 보면 어쩐지 그런 것 같네요.

지금 우리 사회에서는 금기시되거나 해서는 안 되는 일도 서슴없이 해치우려드는 사람들이 여기저기서 눈에 띕니다. 돈이나 권력, 또는 패거리의 힘으로 자신들의 문제를 해결하려는 행위도 늘어나고 있고요. 사회 분위기가 이러니 사람들이 행복할 리 없습니다. 특히 권력자들의 부정하거나 불공정한 행위에 분노해 정의로운 사회를 갈망하게 된 젊은이들이 행복할 리 없죠. 그런데 저는 이러한 사태의 근본 원인이 따로 있다고 봅니다.

1990년대 중반부터 시작된 인터넷 혁명으로 우리나라도 정보화사회에 접어들면서 당시 젊은이들을 중심으로 새로운 문화 · 질서 · 가치관이 나타나기 시작했습니다. 당시 어떤 이들은 "인터넷이 활성화된 정보화사회에서는 빈부격차나 인종 · 민족 차별 같은 문제가 없어질 것이다"라는 장밋빛 전망을 제시하기도 했죠. 그런데 저는 이때부터 큰 사회적 문제가 생겨났다고 봅니다.

그러니까 '우리의 1년은 세계의 10년!'이라는 구호마저 있었을 정도로 우리나라의 급격한 발전 때문에 농경사회의 가부장적 권위주의 가치관, 산업사회의 물질우선주의 가치관, 그리고 정보화사회의 개인중심적 가치관이 혼재되면서 사달이 난 거죠. 이를 집권 욕심에 몸이 단 정치가들이 이용하면서 사회 전체의 철 지난 이념 갈등, 지역 간 대립, 사회 계층 간 갈등 등이 연달아 터졌고요. 이 과정에는 타협이나 상생이 없었습니다. 목소리 큰 사람이 힘이 세 보이고, 말 잘하는 사람이 돋보이는 세상이 된 거죠. 이러니 사람들이 행복할 리 없습니다. 특히 미래를 지향하는 젊은이들이 행복할 리 없고요.

하지만 본래 우리는 정신적 잠재력이 매우 탁월한 민족입니다. 너무 빨리 변화하는 세상에 미처 적응하지 못하고 있을 따름이죠. 그러니 이제는 행복이 무엇인지를 파악하고, 모두가 행복해지기 위한 삶을 살아가야 합니다. 물질적 풍요를 바탕으로 옛 어른들이 추구하던 정신적 가치를 현대화하면서 복원해야 합니다. 그러면 우리 국민 모두가 행복한, 진정한 선진국을 이룰 수 있습니다.

### 신삼강오륜(新三綱五倫)

지금 우리나라에는 모든 국민들이 다 함께 추구해야 할 정신적 가치가 없다고 생각합니다. 저는 그렇기 때문에 우리 국민들이 행복하지 않다고 생각합니다. 우리 선조들은 만백성이 추구해야 할 정신적 가치를 귀중하게 여기고, 또 이를 지켜나갔습니다. 그중 대표적 가치가 삼강오륜(三綱五倫)입니다.

삼강(三綱)이란 군위신강(君爲臣綱), 부위자강(父爲子綱), 부위부강(夫爲婦綱) 등 세 가지를 이릅니다. 각각의 의미는 임금과 신하, 부모와 자식,

남편과 아내 사이에는 마땅히 지켜야 할 도리가 있다는 뜻입니다. 군위신강은 임금은 나라를 다스리며 신하는 임금에게 충성해야 하고, 부위자강은 부모는 자녀를 잘 키우고 가르쳐야 하며, 자식은 부모님께 효도를 다 해야 한다는 의미입니다. 부위부강은 부부는 서로 존중하고 사랑하면서 서로의 본분을 다 해야 한다는 의미고요. 여러 인간관계 중 가장 가까운 부모 자식의 관계와 부부의 관계를 짧으면서도 강력하게 가르치고 있습니다. 이러한 가르침은 영원히 지속되어야 할 올바른 가치입니다.

다만 임금과 신하의 관계를 이르는 군위신강은 요즘과 전혀 맞지 않으니 현대적으로 개선하는 것이 좋겠죠. 예를 들면 '국가와 국민들의 관계'로 말이죠. 저는 그 의견에 절대적으로 찬성합니다. 군위신강을 국위민강(國爲民綱)으로 바꿔보자는 생각도 있고요. 그러니까 "국가와 국민 사이에는 마땅히 지켜야 할 도리가 있다"로 말이죠. 즉, 국가는 국민들이 안전하고 행복하게 살 수 있도록 해야 하며, 국민은 국가에 충성해야 한다는 의미죠.

오륜(五倫)이란 군신유의(君臣有義), 부자유친(父子有親), 부부유별(夫婦有別), 장유유서(長幼有序), 그리고 붕우유신(朋友有信) 등 다섯 가지를 이릅니다. 이 중 부자유친은 부모와 자식 사이에는 친함이 있어야 하고, 부부유별은 부부는 서로 다름이 있으니 서로 이를 존중해야 하며, 장유유서는 나이가 든 사람과 어린 사람 사이에는 질서가 있어야 하고, 붕우유신은 친구 사이에는 믿음이 있어야 한다는 의미죠. 특히 부부유별은 남편과 아내의 역할이 각기 다르니 이를 서로 존중해야 한다는 뜻을 담고 있죠.

다만 "임금과 신하 사이에는 의리가 있어야 한다"는 의미인 군신유의는, 오늘날에는 "국가와 국민 사이에는 마땅히 의리가 있어야 한다"는 의미인 국민유의(國民有義)로 바꾸는 것이 좋을 듯합니다.

삼강오륜은 우리 조상들이 물려준 정신적 가치이자, 시대를 초월하는 훌륭한 철학입니다. 가까운 사람들 간에 반드시 지켜야 할 사항을 이렇듯 간략하게 표현했으니까요. 그래서 '유교적 봉건주의 사상'이라는 식의 편견을 갖고서 보는 건 부당합니다. 삼강오륜은 사람이 살아가는데 필요한 올바른 가치와 진리를 이야기하고 있으니, 현대적으로 재해석하는 것이 좋겠죠.

그래서 저는 국위민강(國爲民綱)·부위자강·부위부강 등 삼강과 국민유의(國民有義)·부자유친·부부유별·장유유서·붕우유신 등 오륜으로 재구성한 신삼강오륜(新三綱五倫)을 대한민국 국민들을 위한 새로운 정신적 가치로 제시합니다. 이 신삼강오륜을 따른다면 우리나라는 세계 최고 수준의 행복한 동방예의지국, 명실상부한 선진국이 될 것이라고 확신합니다.

### 표면적 힘과 내면적 힘

세상에서 살아가자면 다양한 힘이 필요합니다. 예를 들면, 농경사회에서는 육체적 힘이, 산업사회에서는 이성적 힘이 필요했습니다.

앞서도 말했지만 우리나라는 압축적 산업사회를 거치면서 모든 사람이 학력·권력·금력과 같은 표면적 힘을 기르려고 노력을 기울렸습니다. 그 힘은 지식과 경험, 소위 '스펙'으로 얻을 수 있는 힘입니다. 그래서 요즘 부모들은 말문이 겨우 트인 어린아이에게 영어를 가르치고, 이렇게 자라나는 청소년들은 꿈보다 취업을 위한 스펙을 쌓으려고 안간힘을 씁니다. 물론 사회가 그런 것을 요구하니 어쩔 수 없지만요.

그런데요, 현실적 힘이 강할수록 사람은 교만해집니다. 다른 사람에게 고개를 숙일 필요가 없으니까요. 이런 사람은 대개 물질적 가치를 추구하고, 이 과정에서 치열한 경쟁을 벌여야 하다 보니 타인들을 배척하며, 심지어 자기가 속한 조직 내에서도 분열을 일으킵니다. 자기중심적 · 이기적이기 일쑤고요. '너희 불행이 나의 행복'이라는 생각에 급기야 폭력적 성향마저 보입니다. 그리고 지금 우리나라 사람들은 바로 이런 사람들이 되어가고 있는 것이고요. '헬조선'이라는 말이 나올 수 밖에 없죠. 모든 사람들이 자기 외의 모든 사람들을 상대로 싸우느라 행복해질 수가 없으니까요.

이러한 오늘날과 달리 조선 시대에는 사색과 관조를 통해 취할 수 있는 잠재력이나 정신력과 같은 내면적 힘이 더욱 가치 있는 것으로 여겨졌습니다. 그래서 조선의 사회 분위기는 내면적 힘을 기르도록 강조했습니다. 내면적 힘은 자기 관리와 인간관계로 얻을 수 있는 힘이니까요.

사람은 내면적 힘이 강할수록 겸손해집니다. 자기 자신보다 다른 사람들을 더 위할 줄 알게 되고, 그래서 협력하고 포용하는 등 평화적 성향을 보이게 되죠. 이로써 바람직한 사회를 형성하게 되고요.

물론 조선은 가난하고 국력도 약했죠. 그러나 조선은 이러한 내면적 힘이 강했던 동방예의지국이자 동방의 촛불이었습니다.

다만 조선은 현실적인 표면적 힘을 키우지 못해 백성들이 숱한 고통을 당했고, 급기야 일본의 식민지가 되기에 이르렀습니다. 결국 36년간 모진 고생을 당해야 했던 우리 민족은 내면적 힘 키우기를 외면하기 시작했습니다. 그야말로 "내면적 힘이 밥 먹여주느냐!"는 식이었죠. 그리하여 우리는 오늘날처럼 사회 전체가 학력·금력·권력 같은 표면적 힘을 키우는 데 혈안이 된 겁니다. 이 과정에서 행복은 저만치 밀려났고요.

그러나 우리가 정말 행복해지려면 표면적 힘만 키우려 해서는 안 됩니다. 표면적 힘이 내면적 힘과 균형을 이루도록 해야 합니다. 이제 우리는 그와 같은 균형을 이루기 위해 노력해야 합니다. 표면적 힘과 내면적 힘이 균형을 이루어야 행복지수도 높아지니까요.

## 행복지수를 높일 방법

모든 사람들이 돈을 많이 벌려고 애를 씁니다. 부족함 없고 편안한 삶, 즉 행복을 누리고 싶으니까요. 결국 돈벌이의 궁극적 목적은 행복하기 위함인 겁니다.

젊은이들이 부지런히 스펙을 키우고 열심히 일하는 것도 행복을 찾기 위함이고, 중년·노년이 되어서도 명예를 얻기 위한 일을 일부러 구해서 하는 것도 행복을 찾기 위함입니다. 스스로를 예쁘게 가꾸는 것도, 뒤에는 아름다운 산이 앞에는 맑은 강이 흐르는 집터를 찾는 것도, 영화나 연극을 관람하는 것도, 음악과 미술을 즐기는 것도, 목숨을 잃을지도 모르는 위험을 무릅쓰고 높은 산이나 극지를 탐험하는 것도, 심지어 정치적 투쟁도 모두가 행복해지기 위한 활동인 것이고요. 이렇듯 인간이 하는 모든 일의 궁극적 목적은 행복해지는 것입니다.

그런데 '행복'이란 단어는 너무나 추상적입니다. 즉, 행복은 현실이나 실체에 근거하지 않아 구체성이 없죠. 그러니 사람마다 행복에 대해 다르게 생각할 수 있습니다. 모두가 행복하게 살아가는 방법을 제대로 알지 못하는 것도 이렇듯 행복이 추상적 개념이기 때문이고요.

특히 우리나라 사람들은 정곡을 찌르는 구체적인 말보다는 적절하게 변죽을 울리는 추상적 단어를 좋아합니다. 좋게 해석하면 덕담이나 은근함을 좋아하고 정이 깊어서겠죠. 하지만 지금은 짜임새 있게 그리고 바쁘게 돌아가는 세상입니다. 이런 세상에서는 기준이 모호한 추상적 표현은 불필요한 오해로 인한 갈등을 부를 수 있습니다. 상대방이 내 이야기를 듣고서 판단하고 실제 행동으로 옮기는 데 더 많은 시간이 필요할 수도 있고, 그 때문에 효율이 더 떨어지기도 하고, 일이 더 복잡해질 수도 있고요.

우리나라 사람들이 많이 사용하고 좋아하는 단어 중 '최선'과 '능력'을 보세요. 어떻게 하는 게 '최선'인지 분명히 규정하기가 쉽지 않습니다. "최선을 다하겠다"고 하면 얼마만큼 하겠다는 뜻인지 알 수가 없죠. 또한 "이 사람은 능력 있는 사람이다"라고 하는 것도요,

그 사람이 무엇을 잘할 수 있는지를 보여주지는 않는, 그저 덕담일 뿐입니다.

행복은 인간이 추구하는 최고의 가치입니다. 그런데 혹시 '행복'을 국어사전에서 찾아보신 분 있나요? 아마도 대부분 뜻을 안다고 생각하고 찾아보지 않았을 것입니다. 그러다 보니 행복에 관한 이야기를 꺼내면 대부분 '뭐, 다 아는 얘긴데…' 같은 식의 반응을 보이며 심드렁한 표정을 짓습니다. 이런 분들은 행복에 대해 알면 알수록 더 행복하게 살 수 있다는 사실을 미처 깨닫지 못하고 계시는 분들입니다.

우리는 돈을 비롯한 삶의 온갖 필수품들을 행복의 조건이라 여겨 분주히 찾아다닙니다. 또한 그것을 얻을 수 있는 방법도 열심히 공부합니다. 그렇지만 우리가 정작 추구해야 할 가치인 행복에 대해서는 소홀합니다. 그러나 행복에 대해 조금 더 알게 된다면 굳이 행복을 찾아다니지 않아도 됩니다. 일상생활을 하면서 자연스럽게 행복을 누릴 수 있으니까요.

# 행복은 무엇이고, 또 어디에 있나요?

대다수 사람들에게 '행복'이 뭐라고 생각하느냐고 물으면 이런 대답들을 합니다. '만족한 상태', '즐거움', '기쁨' 등이요. 〈국립국어원 표준국어대사전〉에는 행복을 "생활에서 충분한 만족과 기쁨을 느끼어 흐뭇함. 또는 그러한 상태"라 정의되어있고요.

좀 더 깊이 알고 싶어 어느 백과사전을 찾아보았더니 이렇게 설명하고 있더군요.

"행복은 욕구와 욕망이 충족되어 만족하거나 즐거움을 느끼는 상태, 불안감을 느끼지 않고 안심하거나 또는 희망을 그리는 상태에서의 좋은 감정으로, 심리 상태 및 이성적 경지를 의미한다. 그 상태는 주관적일 수 있고, 객관적으로 규정될 수도 있다. 또한 철학적으로 대단히 복잡다단하고 엄밀하며 금욕적인 삶을 행복으로 보기도 한다. 한편 광의로 해석해서 사람, 아울러 여러 생물에도 이에 상응하는 상태나 행동이나 과정이 있을 수도 있다."

상당히 복잡하고 어려워서 차라리 행복의 정의를 모르는 편이 더 행복할 듯합니다.

### 행복을 어떻게 정의할까요?

이렇듯 행복의 정의를 책마다 비슷하면서도 조금씩 다르게 설명하고 있습니다. 공통점만 발췌해보면 '욕구 충족', '만족과 즐거움', '불안하지 않고 편안함', '주관적 느낌' 등이죠. 결국 "행복은 욕구가 충족되어 부족함이나 불안함을 느끼지 않는 편안한 심리 상태로서, 그 느낌은 극히 주관적이다" 정도로 요약할 수 있습니다. 이 정도면 행복의 일반적 개념을 충분히 정의한 셈이죠.

사실 내 행복을 다른 사람이 가늠할 수는 없습니다. 내가 행복하면 그만이죠. 예를 들면, 노숙을 하더라도 내 욕구만 충족된다면 고대광실의 부자 못지않은 행복을 누릴 수 있습니다.

행복에서 파생되는 심리 상태로는 즐거움·기쁨·흐뭇함·설렘·만족스러움·보람·성취감·뿌듯함·감동·환희 등이 있습니다. 평소에 느끼는 긍정적 감정 모두가 바로 행복 그 자체라 해도 무방하고요.

### 행복은 어디에 있을까요?

벨기에의 시인 모리스 마테를링크가 쓴 희곡 『파랑새』를 다들 아실 겁니다. 주인공인 틸틸과 미틸 남매는 파랑새를 찾아 추억의 나라나 밤의 궁전 등 방방곡곡을 헤매죠. 틸틸과 미틸 남매는 여기저기서 파랑새를 찾지만, 그 파랑새들은 색이 변하거나 죽어버리고 맙니다. 결국 파랑새를 찾지 못하고 집으로 돌아온 틸틸과 미틸 남매는 자기네 집안의 새장에 있던 새가 그들이 찾고 찾던 바로 그 파랑새였음을 알아차립니다. 그러나 그 파랑새조차 날아가버립니다.

이 작품이 유명해진 이후 '파랑새'는 행복의 상징이 됩니다. 그럼 파랑새로 상징되는 우리의 행복은 어디에 있을까요? 이 질문을 받은 이들은 거의 모두 "마음속에 있어요"라고 대답합니다.

우리가 이 세상에 태어나면서부터 만나는 다양한 경험은 기억이 되어 뇌세포 속에 쌓이죠. 물론 새로운 경험을 할 때마다 기억할 대상 중에서 불필요한 내용은 적절하게 삭제하고, 적당하게 일반화시키고, 때로는 잘못된 판단으로 왜곡시켜 기억하기도 하지만요. 그러니까 모든 경험이 아니라 주관적으로 '중요하다/필요하다'고 판단한 아주 작은 경험의 알갱이만 뇌세포에 담는 거죠. 그러한 과정으로 뇌세포에 담긴 무수히 많은 경험의 알갱이들이 집합된 빅데이터 (Big Data)가 '마음'인 겁니다. 그래서 '생각한다'의 의미도 그런 빅데이터 중에서 적절한 경험의 알갱이를 찾아낸 뒤 그걸로 자신의 주관을 추론해내는 과정입니다.

그리고 사람들은 그런 빅데이터, 즉 마음에 행복이 들어있다고 믿고요. 이와 관련해 재미있는 이야기를 소개하겠습니다.

하느님은 인간들이 행복하게 살 수 있도록 해주고 싶으셨으나 약간의 문제가 있어 천사(天使)와 의논을 하셨습니다.

"인간들이 행복하게 살게 해주고 싶은데, 어떻게 하면 좋을까?"

"그럼 그냥 인간들이 항상 행복한 상태에 있도록 해주시면 되잖아요?"

"아니야, 그러면 인간은 행복에 빠져 아무 일도 안 할 거야. 스스로 좋은 일을 함으로써 그 대가인 행복을 손에 쥘 수 있게 해야 해."

"좋은 생각이십니다. 그렇게 하시죠."

"그런데, 행복을 한꺼번에 주면 어리석은 인간들이 그 행복에 빠져 허우적대느라 아무 일도 안 하고 살게 될 거야."

"그럼, 조금씩 나누어주시죠."

"아니야, 바쁜 내가 어떻게 그 많은 사람들에게 행복을 조금씩 나누어주고 있겠는가?"

"그도 그렇군요. 그럼 하느님, 행복을 조금씩 어딘가에 감춰두시죠. 그리고 인간이 좋은 일을 할 때에만 그 자그마한 행복을 가져갈 수 있게 하면 어떨까요?"

"그래, 그거 좋겠다. 그런데 어디다 감춰두지?"

"저기 저 바닷속 깊은 데 숨겨두면 어떨까요?"

"아니야, 인간은 머리가 비상해, 바닷속 쯤은 쉽게 뒤져 행복을 찾아낼 거야."

"그럼 세상에서 제일 높은 에베레스트 산 꼭대기에 숨겨두면 어떨까요?"

이번에도 하느님께서는 고개를 가로저으셨습니다.

"인간의 탐험정신은 대단하지 않는가. 그러니 제 아무리 높은 산 위에 숨겨둬도 곧 찾아내고 말 거야."

하느님과 천사는 머리를 감싸고 궁리에 궁리를 거듭했지만 좀처럼 적당한 곳을 떠올릴 수 없었습니다. 그런데 천사가 갑자기 아주 놀라운 발상을 꺼냈습니다.

"아하! 인간들 각자의 마음속에 숨겨두면 어떨까요? 인간들 스스로도 열 길 물속은 알아도 한 길 마음속은 모른다고 하잖습니까."

"그렇군, 바로 그거야! 인간이 아무리 머리가 비상하고 탐험정신이 강해도, 자기 마음속에 행복이 숨겨져있음을 깨닫기는 좀처럼 어렵겠지."


그렇습니다. 이 이야기에서처럼 행복은 이미 우리 마음속에 차곡차곡 쌓여있습니다. 그러나 많은 이들이 어리석어 자기 마음속에 들어있는 행복을 꺼내려 하지는 않고 밖에서만 찾느라 동분서주하죠. 틸틸과 미틸 남매처럼요.

사실 행복은 불러내기만 하면 언제든지 '짠!' 하고 나타납니다. 그러나 행복은 결코 자기가 먼저 나타나지는 않습니다. 우리 자신이 행복을 불러내는 행동을 해야만 행복이 나타납니다.

행복을 불러내는 행동이란 아주 간단합니다. 예를 들면, 신나게 웃어보세요. 그러면 행복해지잖습니까. 즐거운 취미에 심취할 때도 행복해지지 않습니까. 다른 사람에게 친절할 때, 감사할 때, 땀 흘리면서 열심히 일할 때에도 행복은 마음속에서 달려 나오죠. 그러니까 그런 소소한 행동이 바로 행복을 불러냅니다. 물론 이런 행동을 게을리하면 행복은 절대로 모습을 드러내지 않습니다.

그러니 여러분, 이렇듯 행복을 이끌어내는 행동을 끊임없이 하세요. 그러면 행복한 삶을 계속 누릴 수 있습니다.

# 행복을 왜 계속 누릴 수 없을까요?

이왕 찾아온 행복이 영원히 지속되면 얼마나 좋겠습니까. 그러나 안타깝게도 행복은 오래 지속되지 않고 바로 사그라듭니다. 왜 그럴까요? 행복을 방해하는 고약한 요소들 때문입니다.

미국의 유명한 행복학자 소냐 류보머스키 박사는 행복을 빼앗는 두 가지 요소를 소개했습니다. 하나는 행복에 곧 익숙해지도록 만드는 '쾌락적응'이고, 다른 하나는 행복을 누릴 수 없도록 만드는 '우울증'이죠. 저는 여기에 '낮은 의식지수'도 추가합니다. 의식지수란 정신의 성숙도를 숫자로 표시한 거죠.

우리가 이러한 쾌락적응·우울증, 그리고 낮은 의식지수와 동행하는 한, 행복을 느끼거나 지속시킬 수 없습니다. 행복을 이끌어내는 활동을 하면서 이 세 가지 요소를 제거하는 활동도 꾸준히 해야만 항상 행복하게 살 수 있습니다. 그럼 이 세 가지 요소들을 하나씩 살펴보겠습니다.

### 행복에 무뎌지는 감정, 쾌락적응(快樂適應)

행복과 쾌락에 대해 생각해볼까요.

쾌락은 기분이 좋고 즐거운 것이며, 욕망을 만족시키기까지 하는 즐거움입니다. "감성의 만족 또는 욕망의 충족에서 오는 유쾌하고 즐거운 감정"이라 정의하기도 합니다. 이렇듯 쾌락과 행복은 크게 다르지 않습니다. 행복은 욕구의 충족으로 정신적 편안함을 느끼는 것인 반면에, 쾌락은 주로 육체적 즐거움을 느끼는 거죠. 그래서 쾌락은 느낌의 폭이 행복보다 훨씬 좁습니다. 즉, 행복은 '욕구의 충족'이고, 쾌락은 '욕망의 충족'이죠.

배가 몹시 고팠던 사람이 밥상을 받아 적당히 음식을 먹어 허기를 면했습니다. 그랬더니 온 세상이 내 것 같고 나른하며 편안합니다. 허기를 면하고 싶은 욕구가 충족되어 행복해진 거죠. 그런데 배고픔은 면했지만 먹었던 음식이 너무 맛있어서 좀 더 먹고 싶어집니다. 그래서 조금 더 먹었더니 입안에 감도는 감칠맛이 아주 일품입니다. 그래서 기분이 아주 좋습니다. 그렇게 조금씩 더 먹다 보니 슬슬 배가 부릅니다. 속도 살살 쓰리네요. 허기를 면했을 때는 편안하고 행복했습니다만, 맛을 탐하느라 더 먹으며 쾌락에 취하다 보니 과식을 했으니까요.

행복은 아무런 후유증이 없지만, 쾌락은 어떤 형태로든 후유증을 남깁니다. 이 경우에도 허기를 채우려는 욕구를 충족시켰더니 행복해졌지만, '맛있다'는 쾌락을 즐기느라 음식을 탐했더니 '과식'이라는 후유증이 남은 거죠.

스마트폰으로 유튜브를 보거나 컴퓨터게임을 할 때를 떠올려보세요. 그런 것도 적당히 즐기면 스트레스가 풀리니 행복합니다. 하지만 과도하게 빠져들어 쾌락을 누리는 수준이 된다면 수면시간이 줄어들어 건강을 해치거나, 정작 그렇게 노는 시간에 해야 할 더 중요한 일을 못하게 됩니다. 이렇듯 같은 행동을 하더라도 지나치면 행복의 세계에서 쾌락의 세계로 넘어가 고통을 겪게 되는 거죠.

한번 찾아온 행복이 지속되지 않는 것도 바로 쾌락의 특징과 관계가 있습니다. 인간은 긍정적 사건에는 즉시 적응하고 익숙해지는데, 그러다 보면 비슷한 정도의 일로는 더 이상 행복을 느끼지 못하게 됩니다.

아울러 인간은 자신이 놓여있는 사회적 환경을 남의 것과 비교한다거나, 자기 삶의 질에 대한 기대치를 자꾸 높이는 습성이 있죠. 그래서 좀처럼 현재의 삶에 만족하려 하지 않습니다. 이런 현상이 쾌락적응(快樂適應)입니다. 정의하자면 "어떤 상황에 물리거나 진력이 나는 현상"이죠. 아무리 좋은 음식도 자주 먹으면 물리고, 아무리 좋은 일도 쉬지 않고 계속 하면 진력이 나지요? 바로 그런 현상이 쾌락적응입니다.

연봉이 올랐으면 했는데, 어느 날부터 원한 만큼 올랐습니다. 그런데 그로 인한 행복이 얼마나 가던가요? 두세 달? 그 이후에는 '또 언제 연봉이 오르나?' 하고 기대합니다. 소형차를 타면서 중대형 차를 가졌으면 했는데, 막상 중대형 차를 가지면 그에 따른 기쁨과 행복이 또 얼마나 갈까요? 불과 반년? 이후에는 그냥 덤덤할 뿐입니다. 바로 이런 현상도 쾌락적응이고요.

또 다른 예를 들어보겠습니다. "사랑하는 사람과 결혼했으니 행복하다"는 기간은 평균 2~3년 정도라고 합니다. 그 뒤에는 결혼 이전으로 돌아가면서 권태기가 시작되고요.

노인들이 종종 "젊었을 때 먹은 건 정말 맛있었지. 요즘 나오는 건 맛이 옛날만 못해"라고 푸념하지요? 이 또한 쾌락적응 때문입니다. 아무리 맛있게 먹던 음식도 자주 먹으면 그 맛에 익숙해지고, 나중에는 맛의 감동을 별로 느끼지 못하니까요. 즉, 그 음식으로는 더 이상 행복을 느끼지 못하는 거죠.

쾌락적응은 한창 행복에 젖어들고 있을 때 찬물을 끼얹어 행복이 지속되지 못하게 합니다. 파랑새를 잡았다고 좋아하는데, 정작 그 새의 색이 변하거나 날아가는 경우가 그런 것을 의미하죠.

이러한 쾌락적응을 극복하고 행복을 지속시키려면 마음속에 들어 있는 행복을 계속 불러내야 합니다. 이 방법에 대해서는 뒤쪽에서 상세하게 이야기하겠습니다.

## 행복의 가장 큰 적, 우울증

'행복'의 반대말이 뭐냐고 물으면 대부분 '불행'이라고 대답합니다. 사전적으로도 그렇고요. 하지만 실제로는 '행복'의 반대말은 '우울'입니다.

행복할 때의 얼굴을 보세요. 밝은 표정을 짓지 않습니까. 상기된 표정을 짓고서 즐겁게 웃지 않습니까. 행복한 사람은 활기차며 관대하죠. 협조적이라서 사람들의 호감도 삽니다. 창의력이 높아지고, 어려움을 더 쉽게 극복하며, 신체적으로 더 건강해집니다.

우울하면 얼굴을 찌푸리거나 어두운 표정을 짓습니다. 즐겁게 웃지도 못하고요. 우울한 사람은 움츠러들기 때문에 그의 활동은 위축되고, 마음도 편협해져서 사교성도 떨어집니다. 사고방식도 직선적·수동적이 되고, 스스로 역경을 자초할 뿐만 아니라 거기에서 쉽게 헤어나지도 못합니다. 신체적 활동도 제대로 하지 못해 건강이 악화되기도 하고요. 삶이 괴롭다 보니 의욕을 상실하고, 그러니 아무 일도 하기 싫어지고, 죽음에 대해 쉽게 생각하기도 합니다. 이렇듯 우울증은 행복의 가장 큰 적입니다.

솔직히 고백하자면 저는 평생 우울증에 시달리며 살았었습니다. 대학 입시 때부터 가끔씩 우울증이 찾아오더니, 은퇴 이후에도 우울증이 간헐적으로 반복되어 괴로웠습니다. 우울증이 심해져 죽음을 생각한 적도 있고, 업무에도 지장을 받았습니다. 아내에게 정신적 시련을 많이 주기까지 했습니다.

지난날의 삶에 대해 '~했더라면'이라는 가정이 무의미하다지만, 만약 우울증을 앓지 않았더라면 아마 지금보다 훨씬 더 풍요롭게 살고, 훨씬 더 큰 꿈을 이루었을지도 모릅니다. 무엇보다도 훨씬 더 많은 행복을 누리며 살았겠죠.

이런 이유로 저는 우울증의 증세와 영향에 대해 제법 알고 있습니다. 그런데 젊었을 때 저는 우울증을 정신적 나약함이라 여겼기에 정신력으로 극복하려고 했습니다. 그러나 우울증은 정신적 나약함 때문에 일어나는 증상이 아니라는 사실만 깨우쳤죠.

우울증은 스트레스 때문에 뇌에서 분비되는 행복을 조절하는 신경전달물질이 제대로 분비되지 않아 감정의 균형이 무너지는 육체적 증상입니다. 즉, 어떤 스트레스 때문에 긍정적 마음을 관장하는 신경전달물질이 적게 분비되면서 행복을 느끼기 어려워지는 증상이죠. 그 때문에 불안과 부정적 마음, 식욕·성욕의 저하와 같은 육체적 현상도 함께 나타납니다. 이는 제가 충분히 경험한 증세이기도 하고요. 그래서 우울증을 '마음의 감기'라 부르기도 합니다. 스트레스 같은 외적 영향이 육체적 장애를 일으키고, 치료를 해도 조심하지 않으면 또다시 재발하는 감기와 같은 증상이니까요.

제가 우울증을 앓게 된 원인은 다음과 같았습니다.

① 꿈이 분명하지 않아 정체성을 파악하지 못해 방황했다.
② 어떤 요인 때문에 목표를 잃었거나 목표가 불분명해졌다.
③ 처음 해보는 큰일을 앞두니 심하게 두려웠다.
④ 하고 싶지 않은 일 또는 능력 밖의 일을 어쩔 수 없이 하게 되었다.
⑤ 할 일을 찾지 못해 상당히 무료했다.
⑥ 심각한 오해나 다툼으로 인간관계에 큰 문제가 생겼다.
⑦ 자존심에 심각한 상처를 입었다.

더군다나 제가 경험했던 외적 요인은 주로 일과 관련된 스트레스였습니다. 물론 사람에 따라 사회적·가정적으로 무수히 많은 요인이 있을 것이고요.

그런데 저에게는 우울증이 꼭 부정적이라고만 할 수는 없었습니다. 우울증을 극복하기 위해 맡은 일에 더욱 몰입하거나, 우울증을 앓고 있는 상태를 주위에 노출시키지 않으려고 인간관계에 더욱 주의를 기울였으니까요. 그러나 우울증이 없었더라면 장담하건데 훨씬 행복한 사회생활을 할 수 있었겠죠.

그리고 은퇴 후 얼마 뒤에도 심한 우울증이 찾아왔습니다. 은퇴를 해 마땅히 할 일을 찾지 못해서 그랬겠죠. 마음을 단단히 먹고 신경정신과를 찾아가 우울증 검사를 받았습니다. 치료가 가능하다더군요. 재발 가능성까지 없애버리기 위해 우울증약을 처방받으면서 5개월간이나 치료를 계속했습니다. 결과는 대성공이었습니다.

지금은 우울증 없이 살아가고 있습니다. 그래서 그전까지 정신과 치료에 거부감을 갖고 있었던 것이 후회스럽더군요. 아마도 남에게 정신적 나약함을 들키지 않으려 했기 때문이 아닌가 합니다. "정신과 치료를 받아?"라는 선입견이 신경정신과를 찾는 일을 기피하게 했던 거죠. 이 글을 읽는 분 중에도 만약 "내가 우울증에 시달리는 건가?" 싶다면 망설이지 말고 신경정신과 병원을 찾아가서 상담하고 적절한 처방을 받아보세요. 절대로 저처럼 우울증으로 고생하는 어리석음을 저지르지 마세요.

만약 우울증 증세가 있다는 의심이 든다면, 인터넷에서 자가진단

수단인 'CES-D 우울증 검사'를 찾아 우울증 진단을 해보기를 권합니다. 'CES-D 우울증 검사'는 일반적인 우울증 검사법입니다. 이로써 자가진단을 해본 후 병원을 찾아가는 것이 좋겠죠.

물리적 치료로 우울증에서 벗어날 수 있음은 이렇듯 분명합니다. 물론 우울증의 원인을 해소하는 일이 더 중요하고요. 보다 적극적인 우울증 해소 방법은 행복을 계속 만들어내어 우울증이 찾아들지 못하게 하는 겁니다. 이후의 행복이야기에서 우울증이 찾아들지 못하게 하거나, 우울증을 물리칠 수 있는 방법을 알려드리겠습니다.

### 낮을수록 불행해지는 의식지수

지적 능력을 가늠해보는 IQ(지능지수) 검사가 있듯이, 정신진화학자인 데이비드 호킨스 박사는 『의식 혁명』이라는 책에서 정신력의 성숙도를 알아보는 의식지수를 제안합니다. 호킨스 박사는 사람의 의식지수를 1부터 1000까지 정했습니다.

200을 기준으로 그보다 높을수록 신뢰 · 낙관 · 용서 · 이해 · 사랑 등의 감정을 자주 가져 정신력의 완성 단계, 즉 깨달음의 단계로 나아간다고 합니다. 200보다 낮은 의식지수는 교육을 제대로 받지 못했거나, 영성훈련이 부족한 사람이 가지는 낮은 정신력입니다. 의식지수가 낮을수록 수치심 · 자기학대 · 무기력 · 두려움 · 분노 · 증오 · 적개심 등의 감정을 자주 갖는다고 하고요.

이런 가정을 해보죠. 어느 날 아침 출근길에 사소한 일로 남과 다투었습니다. 그를 비난하면서 크게 화를 냈습니다. 그러고는 '내가 왜 그랬나?' 하며 후회하느라 하루를 힘들게 보낸 겁니다. 하루 종일 분노·증오·후회 등과 같은 낮은 의식지수만 갖고 있었던 셈이죠. 의식지수가 낮으면 행복할 수 없습니다. 수치심에 굴욕을 느낀다거나, 무기력해 절망하거나, 두려움에 떨며 걱정한다면 어찌 행복할 수 있겠습니까? 행복을 아예 느끼지 못하거나, 그나마 느끼던 얼마 안 되던 행복마저 빼앗기겠죠. 이럴 땐 참된 교육을 받거나, 자기수양을 하거나, 신앙의 힘으로 의식지수를 높여나가야 합니다.

반면 앞에 든 사례에서처럼 상대방을 비난하고 화를 내는 대신에, 상대방을 이해하고 용서하며 포용했더라면 어땠을까요? 아마도 편안하고 행복한 하루를 보냈겠죠. 모든 상황을 긍정적으로 보면서, 용기를 가지고, 상대방을 신뢰하며, 슬프고 기쁜 인생사를 모두 받아들이고, 사랑에 눈을 떠서 높은 수준의 의식지수를 가질수록 더 행복해집니다.

행복을 만드는 방법은 의식지수를 자연스럽게 높이는 방법이 됩니다. 욕망과 분노와 자존심을 앞세우는 사람과 함께한다면 행복하게 지낼 수 없잖아요. 공정하지 못한 경쟁구도 속에서 두려움을 느끼고 있을 때도 그렇고요.

## 행복 찾기가 아니라 행복 만들기

심리학자들은 행복을 누릴 수 있도록 하는 요소로 세 가지를 제시합니다. 긍정적 · 낙천적 성격, 삶의 환경, 그리고 의도적 활동이죠.

또한 이러한 요소를 얼마나 갖고 있어야 하는지를 비율로 보여주기까지 했네요. 태어날 때부터 가지게 되는 긍정적 · 낙천적 성격이 50퍼센트, 삶의 환경이 10퍼센트, 의도적 활동이 40퍼센트의 영향을 미친다는 거죠.

보다 상세한 내용을 알고 싶다면 미국의 유명한 행복 심리학자 소냐 류보머스키 박사가 쓴 『How to be happy, 행복도 연습이 필요하다』를 읽어보세요.

## 긍정적 · 낙천적 성격

어떤 사람은 의욕적으로 즐겁게 살아갑니다. 그런 사람은 늘 자기가 하는 일이 잘되리라 믿고 즐거워하며, 세상은 살 만한 가치가 있는 곳이라고 생각하는 등 긍정적 · 낙천적 성격을 갖고 있습니다. 이런 사람은 좋은 일이 생기면 "나에겐 항상 좋은 일이 생긴다니까"라며 좋아하고, 나쁜 일이 생기면 "누구나 겪는 일이야. 나도 어쩌다 겪었을 뿐이고"라며 가볍게 넘겨버립니다.

그런데 또 어떤 사람은 뭔가에 떠밀려서 어쩔 수 없이 하는 것처럼 힘들게 살아가고, 자기가 하는 일이 제대로 안 풀릴 것이라 염려하며, 그렇기에 세상이 힘들고 재미없는 곳이라고 생각하는 등 부정적 · 비관적 사고방식을 갖고 있습니다. 이런 사람은 좋은 일이 생기면 "누구에게나 생기는 일이고, 그러니 나에게도 어쩌다 한번 생긴 거야"라며 시큰둥하고, 나쁜 일이 생기면 "나에겐 늘 나쁜 일만 생겨"라며 심각하고 우울하게 받아들이죠.

안타깝게도 성격은 태어나면서 주어지는, 즉 선천적인 것인지라 저절로 변화되지 않습니다. 부단한 노력으로 자신을 단련해야 조금씩 바뀌죠. 그러나 여러분은 걱정하지 않아도 됩니다. 바로 이 행복 이야기로 성격을 긍정적 · 낙천적으로 바꿔나갈 수 있는 방법을 터득하실 테니까요.


## 삶의 환경

삶의 환경이란 돈(경제적 여건) · 지위 · 명예 그리고 아름다운 외모나 신체적 조건, 좋은 장소·물건 등 생활에 직접적으로 영향을 미치는 요소들입니다. 이들은 인간의 기본적 욕구를 충족시켜주는 요소들이기도 하고요. 그래서 이런 요소들을 가지게 되면 행복해질 것이라 생각합니다. 사실 이런 요소들이 충족되면 당연히 행복해지지만, 안타깝게도 이런 요소들이 행복을 지속시키지는 않습니다.

돈이든 명예든 혹은 명품이든 한번 갖고 나면 그것 덕분에 평생 행복할 수 있다? 그렇다면 경제적 풍요를 누리고 있는 부자는 항상 행복하겠네요. 남들도 갖고 싶어 하는 걸 모두 가졌으니, 다른 것도 가지기 위해 노력해야 할 필요가 없으니까요.

하지만 실제로는 그렇지가 않잖아요. 이는 앞서 말씀드렸던 쾌락적응 때문입니다. 복습을 겸해서 다시 말씀드리는데, 쾌락적응은 자기 삶의 질에 대한 기대치를 자꾸 높이려 하는 습성입니다. 고급 아파트에 살게 되었는데도 만족하지 못하고 저택 같은 단독주택에서 살고 싶다든가, 국산 중형차를 소유하고도 대형 외제차를 탐낸다거나 하는 식이죠. 그래서 부자가 되었어도 좀처럼 현재의 삶에 만족하지 못하는 거고요.

2006년 영국 신경제학 재단과 레스터 대학이 각각 발표한 '세계 행복지수'에서 우리나라는 102위였습니다. 공교롭게도 두 곳 모두의 자료에서요. 그 후 이루어진 조사에서는 68위로 올라가더니, 최근에는 50위권 전후에 자리를 잡았더군요. 경제 규모가 세계 12~13위 전후로 올라갔으니 그럴 만도 하죠. 하지만 실제로 우리 국민들 중 대다수는 별로 행복하지 않다고 합니다. 오히려 경제 수준이 우리나라보다 상대적으로 낮은 몇몇 국가들의 행복지수가 상위권에 들고 있죠. 기이하지요? 설마 그 나라 권력자들이 해당 조사기관에 결과가 좋게 나오도록 해달라며 뇌물이라도 쥐어준 걸까요?

사실, 로또 1등에 당첨되면 행복할 듯하지만, 로또 1등 당첨자 중 절반 가까이는 당첨 이전보다 더 행복해지지는 않았다고 합니다. "돈이 많다고 해서 행복한 건 아니다"라는 푸념이 부자의 배부른 소리가 아닌 거죠.

출세해 지위가 높아지고 명예를 얻는 것도 그렇죠. 출세하기 위해 비굴한 모습을 보이거나 남들을 몰락시키기까지 하며 아등바등 살았던 사람들도, 정작 명예와 권세를 누릴 때에는 "난 이제껏 허상을 쫓았다"라고 푸념합니다. 부귀영화를 누린 인물의 대명사인 고대 이스라엘의 솔로몬 왕도 "헛되고 헛되며 모든 것이 헛되도다!"라고 했습니다. 저도 솔로몬 왕의 말에 공감합니다.

명품이란 걸 가지면 행복할 것 같지만, 역시 당장 손에 넣었을 때의 잠깐일 뿐 행복이 지속되지는 않습니다. 이상형인 이성과 결혼을 해도 행복한 시간은 앞서도 말씀드렸듯이 평균 2~3년이라는 이야기도 있죠. 아, 오래오래 행복하게 살 것 같던 연예인 커플들이 이혼했다는 뉴스가 왜 자주 뜨겠어요. 이 또한 앞서 이야기했던 쾌락적응, 즉 '지금 가진 것에 만족하지 못하고 더 큰 것을 바라기 때문'이기도 하죠.

그래서 행복을 이루는 데 삶의 환경의 비중은 고작 10퍼센트에 불과하다는 연구 결과도 있습니다. 즉, 삶의 환경에 의한 행복은

'아주 잠시 동안 유지되었다가 이내 사라지는 것'이라는 뜻이죠.

게다가 돈을 많이 갖고 싶다고 해서, 외모가 아름다워졌으면 좋겠다고 해서 아등바등한들 그런 것이 바로 이루어지는 것도 아니고요. 심지어 아무리 노력해도 뜻대로 안 되는 경우가 더 많습니다. 그 때문에 스트레스가 쌓여 더 우울해지죠. 손에 넣으면 곧 싫증이 나서 쾌락적응 상태에 빠지고, 그렇다고 얻지 못하면 스트레스 때문에 우울해지니 안타깝죠.

그래서 희곡 『파랑새』를 진지하게 연구하는 학자들은 돈 · 명예 · 권력 · 외모와 같은 삶의 환경이 곧 파랑새라고 이야기합니다. 그리고 두 주인공 남매가 잡으려고 할 때마다 결국 놓쳐버린 파랑새처럼, 삶의 환경은 행복을 지속시켜주지 않습니다.

### 의도적 활동

앞서 말했듯이 긍정적 · 낙천적 성격은 선천적으로 타고나며, 삶의 환경은 자신의 의지로 좌우하기 어렵습니다. 이를 바꾸거나 개선해보려고 해도 뾰족한 방법이 없으니 우울하고, 그래서 세상살이가 힘들다고 합니다.

다행히도 행복을 느끼게 해주는 요소가 하나 더 있습니다. 필요할 때마다 의도적 활동으로 행복을 이끌어내는 거죠. 사실, 이 세상이 살아갈 만한 곳인 이유도 내 의도에 따라 행동할 수 있기 때문입니다. 이는 희곡 『파랑새』의 주제처럼 "행복은 우리 각자의 마음속에 있으니 다른 곳에서 힘들게 구할 필요는 없다"는 생각에서 나온 발상입니다. 그러니까 행복은 우리 스스로 만들려고 하면 얼마든지 만들 수 있다는 거죠. 우리 마음속에 있는 행복을 불러내기만 하면 되니까요. 그럼 우리 마음속의 행복을 불러낼 방법을 살펴보겠습니다.

전철을 타고 갈 때는 피곤해 보이는 사람에게 자리를 양보해보세요. 상대방은 감사할 것이고, 나는 착한 일을 했다는 생각이 들면서 행복해집니다. 이렇듯 작지만 친절한 행동 하나만으로도 행복을 누릴 수 있습니다.

좋아하는 음악을 들어보세요. 그림을 좋아한다면 미술관에 가보세요. 여행을 좋아하나요? 전국의 읍성이나 동굴 혹은 섬을 찾는 여행이라도 계획하고서 떠나려고 할 때부터 가슴이 설레고 행복해지죠. 이렇듯 마음만 먹으면 행복을 얼마든지 만들어낼 수 있습니다.


행복은 크거나 거창한 게 아닙니다. '소확행'이라는 말이 있지요? '소소하지만 확실한 행복'이라는 뜻이죠. 이런 소확행을 만들 수 있는 행동은 무수히 많은데, 이들을 분석해보면 다음과 같은 세 가지로 정리됩니다.

첫 번째는 '나에게 충실하기 위한 활동'입니다. 좋아하는 게임을 하거나 영화를 관람하는 등 취미를 즐기거나, 건강을 위해 운동을 하는 활동 등입니다.

두 번째는 좋아하는 사람을 만나 이야기를 나누거나, 서로 감사하고 배려하며 '좋은 인간관계 활동'을 하는 겁니다.

세 번째는 '올바르게' 일하는 겁니다. 좋아하는 일을 올바른 생각을 가지고서 해나가면 어느새 행복해집니다.

이 세 가지에 대해서는 앞으로 차근차근 이야기하겠습니다.

# 행복을 이야기하는 백발의 천사

'책을 펼치며'에서 말씀을 드렸듯이 저는 학창 시절부터 행복에 관심이 많았습니다. 한창 세상살이를 할 때에도 '행복'이라는 추상적인 단어를 구체화할 수 있는 방법을 생각해보곤 했습니다.

이제 백발이 다 되어가는 지금에야 그간의 삶의 경험을 바탕으로 행복을 누릴 수 있는 방법을 체계화시켰습니다. 이 과정에서 소프트웨어 전문가로서의 경험을 십분 활용했습니다. 수많은 소프트웨어를 만들어보았던 지식과 경험은 그러한 방법론을 체계화하는 데 큰 도움이 되었습니다.

지금 제가 하려는 행복이야기는 다섯 가지의 큰 틀로 구성됩니다. 행복을 이끌어내는 세 가지 활동인 자신에게 충실하기, 좋은 인간관계 만들기, 그리고 올바르게 일하기에 더해 '꿈 만들기'와 '꿈을 이루기 위한 능력 키우기'가 더해진 거죠.

다시 강조하는데, 행복은 '파랑새'와 같아서 찾으려 들면 쉽게 찾을 수 없어도, 만들려고 하면 얼마든지 만들 수 있습니다. 그러니 지금 제가 이야기하려는 '행복을 누릴 수 있게 해주는 다섯 가지 행복이야기'에 귀를 기울여보셨으면 합니다. 이 '다섯 가지 행복이야기'는 훌륭한 삶에 대한 이야기이기도 하니까요.

이제부터 '다섯 가지 행복이야기'를 다음처럼 진행할 겁니다.

### 행복이야기 첫 번째 – 꿈과 행복

꿈을 꾸는 사람만이 꿈을 이룰 수 있고, 꿈을 이루어야 행복할 수 있습니다. 그래서 사람들은 "늘 꿈을 가져야 한다!"고 스스로에게 강조하며, 또한 "꿈★은 이루어진다!"고 서로에게도 말해주며 독려합니다.

그런데 꿈이란 무엇이며, 어떤 방법으로 만들까요? 또한 꿈을 이루려면 무엇을 어떻게 해야 할까요? '행복이야기 첫 번째 – 꿈과 행복'에서는 그와 같은 질문에 답을 해주면서 꿈을 설계하고 '꿈의 목록'을 만드는 방법을 알려줍니다.

### 행복이야기 두 번째 – 자신에게 충실하기

자신에게 충실하기 위한 활동으로 행복을 누릴 수 있습니다. 무릇 자신의 정체성을 분명히 하고, 삶의 원칙을 정하며, 자신감이 넘칠 때 행복해지니까요. 또한 항상 웃고 기뻐하며, 취미를 즐기고,

정신적 또는 육체적으로 건강한 삶을 살아가도록 해야겠죠. '행복이 야기 두 번째 - 자신에게 충실하기'에서는 행복한 삶을 추구하려면 자신에게 어떻게 충실해야 할 것인지, 자신을 어떻게 관리해야 할 지에 관한 실천적인 이야기를 들려드립니다.

### 행복이야기 세 번째 - 좋은 인간관계 만들기

좋은 인간관계를 이룬다면 자신의 행복도 만들어낼 수 있습니다. 그러니 다른 사람들에게 친절하고 사랑하며, 모든 일에 감사하라는 것이고요. 하지만 실제로는 그렇게 살아가지 못합니다. 이래야 한 다는 것을 잘 알면서도 말이죠.

사실, 다른 사람들을 이해하고 배려하고 칭찬하고 용서하며 살아 가는 일이 그리 쉽지 않잖아요. 일상생활에서 그런 추상적 행위를 구체적으로 실천할 수 있다면 정말로 행복해질 테지만요. '행복이야 기 세 번째 - 좋은 인간관계 만들기'에서는 그런 추상적 개념을 실 천적 행동으로 옮길 방법을 설계하게 됩니다.

### 행복이야기 네 번째 - 올바르게 일하기

하고 싶은 일을 하고 싶은 대로 할 때 큰 행복을 누릴 수 있습니 다. 또한 일에 임하는 의식과 자세를 바로잡아야 합니다. 이는 일하 면서 느낄 수 있는 행복의 크기를 좌우하니까요. '행복이야기 네 번 째 - 올바르게 일하기'에서는 무슨 일을 해야 행복해지고, 어떤 자 세로 일에 임해야 더 행복해질 수 있는지에 대한 생각을 정리하게 됩니다.

## 행복이야기 다섯 번째 – 꿈을 이루기 위한 능력 키우기

세상에서 살아가려면 힘이 필요합니다. 물론 그 힘이 '능력'이죠. 충분한 능력을 갖춘다면 어떤 일이라도 감당할 수 있습니다. 꿈을 이루는데 큰 영향을 미치는 자신감도 강화되고요. 즉, 더 많은 행복을 누리며 살아갈 수 있죠.

그런데 '능력'을 정의하는 일도 만만하지 않습니다. 공부를 잘해서 좋은 학교를 나온다고 필요한 능력을 모두 갖추게 되지는 않잖아요. 그래서 '행복이야기 다섯 번째 – 꿈을 이루기 위한 능력 키우기'에서는 꿈을 이루려면 어떤 능력들을 갖춰야 하는지를 들려드립니다.

나아가 필요한 능력별로 그 수준을 스스로 가늠해볼 방법도 알려드립니다. 그 방법을 이용하면 자신의 능력을 체계적으로 계발할 수 있게 되어 꿈을 보다 더 쉽게 이룰 수 있습니다. 행복한 삶이 더 확실하게 눈에 들어올 수 있게 되는 거죠.

행복이야기 첫 번째

# 꿈과 행복

"행복은 욕구가 충족되어 부족함이나 불안함을 느끼지 않는 편안한 마음의 상태"라고 했습니다. 여기서 핵심 단어는 '욕구'입니다.

충족시킬 욕구가 없으면 애당초 행복을 누릴 수 없습니다. 즉, 행복해지고 싶다면 욕구를 분명히 해야 하는 거죠.

욕구가 불분명하면 지금 내가 무엇을 원하고 있는지 모르고, 무엇을 해야 할지도 몰라 우왕좌왕하기 마련이거든요. 욕구는 무엇을 얻거나 무슨 일을 하려는 바람입니다. 즉, 뭔가에 대한 간절한 바람이 바로 욕구입니다.

욕구의 뜻을 약간 비틀어 한 글자로 표현하면 '꿈'이 됩니다. 꿈은 '노벨상 수상자가 되고 싶다!'처럼 어떤 사람이 되고 싶거나, '전염병을 연구하겠다!'처럼 무슨 일을 하고 싶거나, '멋진 스포츠카를 갖고 싶다!'처럼 무엇을 갖고 싶다는 바람입니다.

따라서 자신의 욕구를 분명히 파악하지 않으면, 자기가 무엇이 되고 싶은지 또는 무엇을 갖고 싶은지 확실히 되새기지 않으면, 즉 '꿈이 불분명하다면' 행복도 시작되지 않습니다.

## 꿈과 행복의 관계는?

피겨스케이팅 챔피언 김연아 선수처럼 어릴 때부터 확실한 꿈을 가졌기에 성공하는 사람도 있지만, 대다수 사람들은 어릴 때부터 그런 꿈을 가질 수가 없습니다. 그러니 아이가 꿈을 가질 수 있도록 부모가 가르쳐야 합니다. 꿈이 무엇인지, 꿈은 어떻게 만드는지를 가르쳐주고 이끌어주어야죠.

그리하여 아이가 생각이 깊어지는 20대 중반 즈음 본격적으로 사회에 나오기 전에 꿈을 굳힐 수 있으면 정말 이상적이고요. 그 시기를 조금 지나 서른 즈음에 평생의 꿈을 세우더라도 괜찮습니다. 서른 즈음에 평생의 꿈을 가지지 못했다고 실망할 필요도 없고요.

지금 바로 이 시점에서 꿈을 가지게 되더라도 충분하고 훌륭한 삶을 이룰 수 있습니다. 젊었을 때는 희망찬 푸른 꿈을 가지면 되고,

노년이 되면 화려한 황금빛 꿈을 가지면 되니까요.

문제는 꿈을 가지는 시점이 아니라, 꿈을 갖고 있느냐 그렇지 않느냐 입니다. 꿈을 갖고 있어야 기나긴 인생길에서 방황하지 않으며 결국 행복해집니다.

꿈이 확실할 때 희망은 부풀고 가슴은 설렙니다. 이는 행복의 또 다른 표현입니다. 그렇습니다. 사람은 꿈을 가지기만 해도 행복해지죠. 즉, 꿈을 가지는 시점이 행복한 삶의 시작점입니다. 무슨 말이냐고요? 꿈을 꿔야만 꿈을 이룰 수 있고, 꿈을 이루어야만 행복한 삶이 전개된다는 이야기죠. 그래서 자녀들이 꿈을 가질 수 있게 하는 것이 부모의 가장 중요한 역할입니다.

제가 초등학교 4학년이던 때의 일입니다. 다른 반 선생님이 오시더니 학예회 때 연극을 할 예정인데, 배우를 하고 싶은 사람은 손을 들라고 했습니다. 저를 포함해 몇몇이 손을 들었더니 선생님은 국어책을 반 페이지 정도 읽어보라고 했습니다. 물론 저도 읽었습니다. 부산의 피난지에서 돌아온 지 얼마 되지 않아 사투리 억양을 갖고 있어서 그랬던지 배우로 뽑히지는 못했습니다. 연극이 하고 싶었기에 정말 아쉬웠죠. 그래서 그날부터 저는 매일 연극반 연습장에 가서 어떻게 하는가를 지켜보았습니다.

연극의 제목은 '화랑 관창'이었습니다. 신라의 태종무열왕이 대신들 앞에서 "당나라 장수 소정방이 이끄는 군사 5만 명과 백제의 장수 계백이…"라는 대사를 읊으면서 시작되는 연극이었습니다. 지금도 태종무열왕의 대사 초입 부분을 기억하고 있을 정도입니다.

그랬던 저는 연극배우가 되고 싶다고 부모님께 말씀을 드렸다가 크게 혼이 났고, 그 후 연극배우가 되려던 꿈을 접고 말았습니다. 그와 동시에 그만 '내가 되고 싶은 사람'이 무엇인지를 파악하지 못하게 되고 말았고요. 이후 아버님이 원하시던 의사가 되려고 의과대학에 지원했다가 낙방했고, 제가 좋아하던 화학을 연구하는 학자가 되려고 대학에 입학했으나 끝내 이도저도 다 안 되고 말았습니다.

그리하여 그냥 평범한 직장에 들어가 세파에 시달리면서 '나는 앞으로 어떤 사람이 될까?' 같은 고민도 하고, 그래서 불안하기도 하다 보니 방황도 했습니다. 우왕좌왕하며 살았던 거죠.

다행히도 30대 후반에 이르러서야 겨우 이루고 싶은 꿈을 찾았습니다. 그 꿈을 이루는 일에 몰입하다 보니 운 좋게 대기업의 경영진에도 들게 되어 직장인으로서의 일반적인 꿈도 이루었고요. 그렇게 꿈을 가진 이후에야 비교적 행복하게 지금까지 살아오게 되었습니다. 만약 어릴 때부터, 아니 서른 이전에라도 분명한 꿈을 가질 수 있었더라면, 훨씬 더 행복하고 훨씬 더 훌륭한 삶을 살 수 있지 않았을까 하는 생각도 있지만요.

저는 몇 년 전부터 한국장학재단에서 시행하는 사회리더 대학생 멘토링의 멘토로 위촉되어 대학생들이 꿈을 만들 수 있도록 도와주고 있습니다. 그 대학생들에게 "장래에 어떤 일을 하는 사람이 되려나요?"라고 물으면, 명쾌하게 답하는 대학생이 많지 않습니다. 확실한 꿈을 가진 젊은이가 이렇게 적은 거죠. 이는 젊은이들이 '난 행복하지 않아!'라고 여기며 방황하는 원인 중 하나입니다.

그런 젊은이들이 꿈을 가질 수 있도록 실질적이고 구체적인 도움을 주어야 합니다.

멘토링 활동 중에 극명하게 대비되는 두 학생을 만났습니다.

그중 한 학생은 도저히 꿈을 만들지 못하겠다고 했는데, 마음속의 이야기를 털어놓고 싶어 하기에 몇 차례 만났었죠. 공학도였던 그는 정작 하고 싶었던 일은 실용음악 분야의 일이었습니다. 중학생 때부터 꼭 하고 싶었는데 부모님의 반대로 뜻을 이루지 못한 사례였죠. 그리고 지금 공부하는 전공이 너무 어려워서 관두고 싶다는 생각마저 있다 보니 앞으로 어떻게 해야 할지 모르겠다고 했습니다. 제가 할 일은 그저 이 학생이 스스로 생각해보지 못했던 부분에 대해 생각해보도록 이끌어주는 것뿐이었습니다. 결국 휴학을 하고 자신이 갈 길을 천천히 다시 고민하겠다고 하더군요.

다른 학생은 완전히 달랐습니다. 그 학생은 뮤지컬이나 영화음악의 감독이 되려는 꿈을 갖고 있었죠. 전공도 처음부터 하고 싶던 실용음악을 골랐습니다. 부모님이 적극적으로 도와주셨다더군요. 실용음악 분야에서 아르바이트를 하면서 학비는 물론 생활비도 스스로 해결하고 있었습니다. 너무 바빠서 잠도 제대로 못 잔다면서도 활기차고 밝은 얼굴을 하고 있었고요.

이렇듯 꿈은 행복과 직결됩니다. 그러니 행복하게 살아가고 싶으면 반드시 꿈을 가져야 합니다. 예를 들면, 2002년 월드컵을 돌아봅시다. 당시 우리 국민들은 우리나라가 월드컵 16강에 들기를 강렬하게 염원했었죠. 그랬더니 월드컵 4강이라는 기대 이상의 꿈을 이루었고, 한국인이라면 어느 누구나 그 전에는 느껴보지 못했던 어마어마한 행복을 누렸습니다. 온 국민이 하나의 꿈을 가졌었고, 반드시 이루어지기를 강하게 열망했으며, 기대 이상의 꿈을 이루었고, 큰 행복을 맛본 것이었죠.

그래서 사랑이 눈물의 씨앗이라 노래한다면, 저는 "꿈이란 행복의 씨앗이다"라고 말하겠습니다. 결국 꿈을 갖고 있으면 행복이 싹을 틔우니까요.

# "그런데 엄마, 꿈이 뭐야?"

아이들에게 종종 "네 꿈이 뭐니?"라고 물어봅니다. 청소년에게 푸른 꿈을 꾸라며 격려하기도 합니다.

그런데 '꿈'이란 무엇을 말하는가요? 예를 들면, 유치원에 다니는 어린이가 어느 날 선생님에게서 "여러분은 꿈을 가져야 해요!"라는 말을 듣고 집에 돌아와 "엄마, 선생님이 꿈을 가져야 한대. 그런데 엄마, 꿈이 뭐야?"라고 묻는다면 뭐라고 설명해주시겠습니까? 꿈의 의미를 모를 리야 없겠지만, 아이가 알아듣도록 쉽게 설명하기는 그리 만만치 않습니다.

꿈도 행복처럼 추상적인 단어입니다. 그래서 구체적으로 설명하기가 어려우니 꿈을 키워야 할 청소년에게 '꿈'이 무엇인가를 제대로 가르치지 못하고 있습니다. 여러분도 어릴 때부터 "꿈을 가져야 한다"라든가 "큰 꿈을 품도록 해라" 같은 말은 많이 들었어도, 청소년이 되고서는 "넌 장차 어떤 사람이 되고 싶니?"라든가 "너 커서 무슨 일을 하고 싶니?" 같은 질문도 받았어도, 정작 꿈에 대한 구체적이고 자세한 설명은 들어본 적이 없으실 겁니다.

이렇듯 청소년에게 꿈을 가지라고 하면서도, 꿈이 무엇인지, 꿈을 어떻게 만들지, 꿈을 어떻게 키워나갈지를 확실하게 가르치지 않는다면 청소년이 어떻게 학창 시절부터 제대로 된 꿈을 가질 수 있겠습니까? 그러니 꿈을 이룰 방법도 제대로 가르쳐주어야 합니다. 공부만 잘한다고 꿈을 이룰 수는 없으니까요. 즉, 청소년 시절부터 방황하지 않고 행복한 사람으로 살아가도록 이끌어주려면 꿈을 잘 만들도록 도와주어야 합니다. 앞서 소개했던 '실용음악 분야의 일을 하고 싶어하는 공학도 학생'처럼 방황하지 않게 해주려면요.

그럼 꿈은 구체적으로 무엇일까요? 보편적으로 꿈은 다음과 같은 세 가지 종류로 구분하고 있습니다.

하나, 꿈은 '되고 싶은 사람'입니다.
둘, 꿈은 '하고 싶은 일'입니다.
셋, 꿈은 '가지고 싶은 것'입니다.

## 되고 싶은 사람

'되고 싶은 사람'은 '평생 하고 싶은 일을 하는 사람'입니다. 제가 어렸을 때에는 어른들이 "커서 뭐가 될래?"라고 물으면 많은 아이들은 대통령이 되겠다고 대답했습니다. 당시는 아이들 모두에게 대통령이 되라고 가르쳤나 봅니다. 저의 아버님은 의사가 되라고 하셨지만….

　이렇듯 어릴 때부터 꿈을 가지라고 하지만, 어린 시절에 어떻게 평생 하고 싶은 일을 찾을 수 있겠습니까? 그래서 부모의 역할이 중요합니다. 아이가 다양한 책들을 읽게 해주고, 다양한 삶의 모습들도 볼 수 있도록 경험시켜야 합니다. 특히 어릴 때부터 위인전을 많이 읽게 하는 것이 가장 좋습니다. 위인전을 읽으면서 동경하는 사람을 찾을 수 있기 때문입니다. 아이는 동경하는 사람과 똑같이 되려는 꿈을 꾸게 되면 그 사람이 했던 일을 하기 위해 스스로 관련 분야의 공부를 하게 되니까요.

　그러나 결코 부모가 원하는 사람을 만들려고 해서는 안 됩니다. 만약에 실패할 경우에는 당사자에게 큰 상처를 줄 수도 있으니까요. 간혹 부모가 원하는 일을 시켜서 크게 되는 사람도 있기는 합니다만, 그런 경우는 부모가 시켰던 일과 자신이 하고 싶었던 일이 우연히 같았을 뿐입니다. 부모의 역할은 자녀에게 다양한 사례를 보여주면서 자녀가 스스로 선택할 수 있도록 도와주는 겁니다.

### 하고 싶은 일

　'하고 싶은 일'로는 두 가지를 들 수 있습니다.

　하나는 평생 직업으로 삼을 일입니다. 평생 하고 싶은 일을 찾게 되면 그런 일을 하는 사람이 되겠다는 꿈도 발견할 수 있습니다.

다른 하나는 일상적으로 해보고 싶은 일입니다. 예를 들면, '유럽 여행을 하고 싶다', '아프리카의 킬리만자로 산에 오르고 싶다', '거친 대서양을 항해해보고 싶다', '무엇을 먹어보고 싶다', '운동을 해서 체력을 키우고 싶다', '대단하거나 유명한 누구를 만나고 싶다' 같은 것들이죠. 이런 것들을 해보겠다는 꿈은 종종 자신이 평생 하려는 일을 찾는 데도 도움이 됩니다.

## 가지고 싶은 것

'가지고 싶은 것'은 물론 '평소에 가져봤으면 했던 사물'입니다. 좋은 물건을 가져보려는 욕구도 꿈이니까요. 예를 들면, 돈·자격증·컴퓨터·스포츠카나 예쁜 옷이며 멋진 구두라든가 강이나 바다가 보이는 아파트 등을 가지면 행복해지리라 여기잖습니까? 즉, 이런 사물들이 누군가의 꿈이 됩니다. 심지어 훌륭한 선생님이나 이상형인 이성 친구를 만나고 싶다는 꿈도 해당되고요. 결국 '행복 찾기가 아니라 행복 만들기'에서 언급한 삶의 환경들도 여기에 포함됩니다.

저도 물론 갖고 싶은 것이 있죠. 제가 '가지고 싶은 것'은 100명의 배움지기(멘티)입니다. 이는 멘토링을 처음 시작할 때부터 정해놓았던 꿈이죠. 몇 년만 더 지나면 이룰 수 있으리라 생각하기에 벌써 가슴이 설렙니다.

# 꿈은 이렇게 만들면 됩니다

학생들은 '꿈의 목록'을 만들 때 '하고 싶은 일'과 '가지고 싶은 것'의 목록은 비교적 잘 만듭니다. 반면에 '평생 하고 싶은 일과 되고 싶은 사람'을 정할 때에는 상당히 어려워합니다. 그럴 때 다음처럼 도와주면 한결 쉽게 '꿈의 목록'을 만들 수 있죠.

### 꿈 찾기

꿈을 찾기 가장 좋은 방법은 동경하는 사람을 만드는 일입니다. 아이가 위인전과 같은 책이나 인터넷 매체 등으로 알게 되어 동경하게 된 사람이 있고, 그래서 그 사람이 하던 일을 따라하는 경우가 있죠. 에디슨을 동경해서 과학자를, 링컨이나 오바마를 동경해서 정치가를, 조수미를 동경해서 성악가를, 나이팅게일을 동경해서 간

호사를 꿈꾸는 식입니다.

이미 선택한 전공 분야에서 공부하는 학생이라면, 바로 그 전공 분야에서 성공한 사람, 그래서 동경할 만한 사람을 찾아보시면 됩니다. 예를 들면, IT · 컴퓨터 혹은 관련 기업 경영을 전공하는 대학생이라면 스티브 잡스나 빌 게이츠를 동경하는 식이죠. 이 과정에서 부모가 해야 할 일은 아이가 동경할 만한 사람과 그 사람이 했던 일을 함께 찾아보는 겁니다.

다음으로는 밤새워 하더라도 즐겁게 할 수 있는 일을 찾는 겁니다. 그런 일을 하고 있을 때는 "이 일이 언제 끝나지?"라는 말은 일절 나오지 않을 겁니다. 오히려 "야, 신난다!" 같은 말이 나올 정도로 행복하죠. 예를 들면, 게임을 좋아해 밤을 새울 정도라면 게임 개발자나 게임 전문가를 꿈으로 삼으면 되고, 그림 그리기를 좋아하면 화가를 꿈으로 삼으면 되죠. 우리나라 최초로 아카데미 감독상을 받은 봉준호 감독은 어렸을 때부터 영화를 좋아해 밤새워 영화를 봤다고 합니다. 결국 영화감독으로서 세계에 이름을 드높이는 사람이 되었으니, 봉준호 감독은 꿈을 이룬 거죠.

다른 방법도 있습니다. 공부할 때 학습 효과가 높은 과목을 떠올려보는 거죠. 바로 그런 과목이 적성에 맞는 분야일 수 있습니다. 그와 같은 방법으로 꿈을 발견할 수 있는 사람은 이미 행복한 사람이죠. 이미 그러한 과목(분야)에 대한 흥미와 관심을 갖고 있다는 뜻이니까요. 그에 따라 대학 전공도 정하고, 앞으로 사회에 나가서 할 일도 정하면 정말 행복해지지 않겠습니까.

그러니까 평생 하고 싶은 일을 찾으려고 한다면 동경하는 사람이 하던 일에서 찾는다거나, 밤새워 해도 좋은 일을 발견하거나, 뛰어난 학습 능력을 발휘할 수 있는 분야를 살핀다거나 하는 것이 좋습니다. 사정이 있어 그렇게 하지 못한다면 그런 것들과 비슷한 분야라든가 혹은 작은 관심이라도 가는 분야에서 찾아봐야겠죠.

그렇게 해도 찾을 수 없다면 평생의 꿈을 찾는 일을 잠깐 멈추고, 지금 주어진 일을 온 힘을 다해 열심히 합니다. 그렇게 관심을 가지고서 온 힘을 다해 열심히 하다 보면 지금 일하는 분야에서 꿈을 발견할 수도 있으니까요. 저도 뒤늦게나마 그냥저냥 일하던 분야에서 제 평생의 꿈을 발견했습니다.

### 꿈 찾기의 조건

이상과 같은 꿈의 세 가지 요소들을 모두 생각해 정리한다고 꿈이 다 이루어지는 것은 아닙니다. 꿈을 꾸는 데에도 몇 가지 고려할 사항이 더 있으니까요. 일단 꿈이 이루어진 모습을 상상할 수 있어야 합니다. 이루어진 모습을 상상할 수 없는 추상적인 꿈은 실제로 이루어지지 않으니까요.

생각만 해도 가슴이 뛰는 꿈이어야 현실에서 반드시 이루어집니다. 그리고 그 분야에서 최고 위치를 꿈꿔야 합니다. 스스로 정한 꿈의 크기 이상을 뛰어넘기는 어려우니까요.

사실, 우리나라는 큰 꿈을 이루기에는 좁습니다. 그러니 한반도를 벗어나 세계를 무대로 하는 꿈을 꿔야 합니다. 김연아 선수나 손흥민 선수, 방탄소년단처럼 세계를 무대로 하는 꿈을 가져야 합니다. 그리고 이왕이면 기적을 이루어 세상을 바꾸겠다는 큰 꿈을 품으세요. 이루어지면 좋고 이루어지지 않아도 그만인 꿈은 꿈이 아닙니다. 젊음을 모두 바쳐서라도 이뤄야 할 모험적인 꿈이 가장 좋은 꿈입니다.

큰일과 어려운 일에 도전하는 꿈을 가지세요. 크고 어려운 꿈일수록 거두는 보람이나 성과가 크니까요. 또한 정한 기간에 이루기가 어려운 꿈을 꿔야 합니다. 쉽게 이룰 수 있는 꿈은 그 꿈을 이룬 다음 그곳에 머물러버리게 만들죠. 그러면 또다시 꿈을 잃고 방황하게 됩니다.

저는 어려소부터 결혼하여 제 집을 장만할 때까지 '번듯한 우리 집'에서 살아본 적이 없습니다. 해방되자마자 부모님이 만주 땅에서 귀국하셨으니 변변한 집을 못 구한 거죠. 전쟁으로 부산에서 피난살이를 할 때에는 판잣집에서, 서울 수복 후에도 역시 판잣집 같은 데서 살다가 철거까지 당하면서 강제 이주한 곳에서는 천막에서 살았습니다. 아버님은 철거된 집이 있던 곳의 땅만이라도 지키시겠다며 그곳에 판잣집을 지으셨습니다. 그러나 판잣집을 지을 때마다 철거당했죠. 그러기를 몇 번 반복했더니 관청에서도 "제발 큰길에서 보이지만 않게 해주세요"라고 하는 바람에 결국 땅을 파서 움집을 만드셨습니다. 그렇게 초등학교 6학년부터 고등학교 졸업 직전까지 그곳에서 살았습니다.

정신적으로 예민하던 중고생 때 집 같지 않은 집에서 살다 보니

한 번도 친구를 집에 데려오지 못했습니다. 그래서 '번듯한 집'을 장만하는 일이 가장 큰 꿈이 되었습니다. 구체적으로 어느 정도 크기에 어떤 모습의 집인지는 꿈꾸지 못하고, 그저 '번듯한 집'만 꿈꿨죠. 그리하여 어렵게 대학을 졸업하자 곧 결혼을 했던 저는 가장 큰 꿈이던 '번듯한 집'을 가지기 위한 작전을 치밀하게 펼쳤습니다.

저희 부부는 금호동 달동네의 단칸방에서 시작해 전셋집을 다섯 곳이나 전전한 끝에 결혼 후 2년 반 만에 금호동 산 위의 무허가 주택을 살 수 있었습니다. 그때 저희 부부는 정말 행복했습니다. 그렇지만 아직은 무허가 건물이라 집다운 집이 아니었기에 다시 '번듯한 내 집' 마련을 위한 노력을 계속했습니다. 그로부터 3년여 후 만족스러운 단독주택을 가질 수 있었습니다. 1970년대 중반이었죠. 같은 회사의 과장님도 전셋집에 살던 시절이었는데 말이죠.

그렇지만 제 꿈은 거기까지였습니다. '번듯한 집'을 가지는 꿈이 이루어졌으니까요. 그 이후 저는 집에 대한 꿈을 접어버렸어요. 그 무렵부터 아파트 붐이 불었기에 사람들이 아파트로 몰리면서 급기야 아파트 투기 붐마저 불었지만, 저는 집에 대해서는 무감각해졌습니다. 옳고 그르고를 떠나 주위 사람들은 부동산으로 한 재산 만들 때, 저는 강 건너 불 보듯 멍하니 있었던 거죠. 꿈이 이미 이루어졌으니까요. 결국 지금도 집 한 채만 가지고서 조촐하게 살아가고 있습니다. 물론 '번듯한 내 집'에서 행복하게 살았으면 충분하죠.

하지만 이왕 꾸는 꿈이라면 크고 높아야 합니다. 크고 높은 꿈을 가진 사람은 그 꿈을 이루려고 더 집중하고 더 노력하게 되니까요.

저처럼 조촐하고 작은 꿈을 꾼다면 거둘 수 있는 수확도 적습니다. 기왕이면 주변 사람들과 다 함께 잘살 수 있는 좋은 사회를 만드는 데 도움이 될 꿈을 꾸는 것이 더욱 좋지 않겠습니까? 그런 꿈을 이룬다면 "나도 제법 잘살았구나" 할 수 있을 것이고요.

꿈은 구체적이어야 합니다. 가슴 설레는 꿈이어야 합니다.

큰 꿈을 가지세요. 세계를 무대로 하는 꿈을 꾸세요. 모험적인 꿈, 정한 기간에 이루기가 어려운 꿈을 꾸세요. 그런 생각을 가지고서 꿈을 설계하십시오.


### 꿈이 아닌 꿈

추상적인 꿈을 꿈이라 착각하지 않아야 합니다.

예를 들면, '나라를 빛낼 사람', '최고로 훌륭한 사람' 등이 되겠다는 것은 꿈이 아닙니다. 이런 것은 어떻게 이뤄낼 수 있는지 자신도 모를뿐더러, 아울러 이루어졌는지 안 이루어졌는지 누구도 판단할 수 없으니까요.

'자랑스러운 아들', '훌륭한 아버지'가 되겠다는 것 등 일반적인 꿈도 꿈이라 할 수 없습니다. 누구나 그런 아들이나 아버지가 되고 싶어 하는데다, 역시 그런 꿈도 이루어졌는지 아닌지 판단할 수 없잖아요. 실제로 그런 걸 꿈이라고 여기는 사람이 더러 있기에 주의를 환기시켜드리는 바입니다.

삶의 방법이나 추구하는 가치를 꿈과 혼동해서도 안 됩니다. 예를 들면, '많이 베푸는 사람', '맡은 일에 충실한 사람', '믿음직한 사람' 등이 되겠다는 것은 꿈이 아닙니다. 이는 어떤 일을 하는 사람이 아니라 '베풀며 살아가겠다', '맡은 일에 충실하겠다', '신뢰를 받으며 살아가겠다'처럼 삶의 방법 또는 추구하는 가치를 표현했을 뿐이니까요.

앞서 '꿈 찾기'에서 설명한 대로 아무리 꿈을 찾아봐도 되고 싶은 사람이 정해지지 않는다면, 당분간은 그에 대한 생각을 접고 현재의 일에 충실하세요. 하고 싶은 일이나 갖고 싶은 것만 추구하더라도 얼마든지 행복해질 수 있으니까요. 그러니 우선 그런 꿈을 이루는 일에 전념하면 됩니다. 그러면서 생각의 깊이를 더하십시오. 그러면 오래지 않아 평생 해보고 싶은 일과 되고 싶은 사람을 찾아낼 수 있게 됩니다.

# 꿈★은 이루어진다

'꿈★은 이루어진다'고 하지요? 이는 희망을 가지게 하는 덕담으로 그치는 말이 아닙니다. 2002년 월드컵 때 우리나라 사람 모두가 경험했던 것이니까요. 분명한 꿈을 갖고 있으며, 그 꿈이 이루어지기를 간절히 바란다면 반드시 이루어집니다.

『존 아저씨의 '꿈의 목록'』이라는 어린이를 위한 책에서, 이 책의 저자이며 탐험가·인류학자이자 다큐멘터리 제작자인 존 고다드는 어릴 때 127개의 '꿈의 목록'을 적어봤고, 그중 111개를 이루었으며, 그 이후 500여 개의 꿈을 더 가졌다고 말했습니다. 고다드는 다음처럼 말합니다.

"꿈을 이루는 가장 좋은 방법은 목표를 세우고, 그 꿈을 향해 모든 것을 집중하는 거야. 그러면 단지 희망 사항이었던 것이 '꿈의 목록'으로 바뀌고, 다시 그것이 '해야만 하는 일의 목록'으로 바뀌고, 마침내 '이루어 낸 일의 목록'으로 바뀐단다. 꿈을 갖고 있기만 해서는 안 돼. 꿈은 머리로 생각하는 것이 아니란다. 가슴으로 느끼고, 손으로 적고, 발로 뛰는 게 꿈이란다."

꿈을 이루려면 지금 머릿속에 떠올리고 있는 꿈을 눈으로 볼 수 있도록 기록해놓아야 합니다. 그러니까 '꿈의 목록'을 만들어 책상 앞에 붙여놓고 꼭 이루겠다고 다짐하십시오. 꿈이 이루어지기를 간절히 바란다면 그 꿈은 마음속 깊은 곳에 간직되니까요. 의식세계에서만 맴돌던 꿈이 무의식 속에 깊이 각인되는 거죠.

무의식 속에 꿈을 각인시키기 위한 수단으로는 기도와 명상이 있습니다. 이 방법들은 가슴으로 꿈을 품게 해줍니다. 무의식 속에 꿈이 각인되면 자신도 모르는 사이에 그 꿈이 이루어지도록 모든 노력을 기울이게 되죠.

다른 사람에게 공개해도 좋은 꿈이라면 공개하는 편이 효과적입니다. 이는 그 꿈을 이루겠다고 남들과 약속을 하는 셈이니까요. 그러면 그 꿈에 대한 책임감이 커질 뿐만 아니라, 그 꿈이 무의식 속에 더 깊이 각인됩니다. 아울러 은연중에 주위 분들의 도움도 받을 수 있습니다.

포르투갈 북서쪽 바닷가에 까보다로까(Cabo da Roca)라는 곳이 있습니다. 유럽 서쪽의 땅 끝 마을이죠. 그곳은 아프리카 대륙을 빙 돌아 인도로 가는 바닷길을 발견해 대항해 시대를 연 포르투갈의 항해자 바스코 다 가마(1469~1524)가 즐겨 찾아갔던 곳입니다. 바스코 다 가마는 그곳에서 '바다 건너 저쪽에는 무엇이 있을까?' 골똘히 생각하며 꿈을 키웠습니다.

제가 포르투갈에 갔을 때 까보다로까를 찾아가보니, 가히 끝없이 펼쳐진 짙푸른 바다를 보며 큰 꿈을 품을 만한 곳이더군요. 저도 포르투갈에서 살았더라면 매일 찾아갔을지도 모릅니다. 저도 젊었을 때 마음이 무겁거나 미래가 불투명할 때는 북한산 백운대에 올라 서울을 굽어보곤 했거든요. 그런 장소를 찾아가서 꿈이 이루어지기를 기도한다면 그 꿈은 무의식속 깊이 새겨지죠.

저는 제가 멘토 역할을 해주고 있는 대학생들과 "꿈은 무엇을 뜻하며 어떻게 찾는가?"를 토론하고, '꿈의 목록'을 만들어 발표하게 하고 있습니다. 꿈을 발표한 후에는 남산 꼭대기에 있는 타워로 함께 올라갑니다. 타워의 전망대에 올라 서울을 한 바퀴 둘러보며 그 젊은이들에게 이렇게 말해줍니다.

"저 아래에 펼쳐진 곳은 너희들의 꿈을 펼쳐나갈 '꿈의 무대'란다. 잘 봐두어라. 앞으로 저곳에서 너희들의 꿈을 마음껏 펼쳐나가도록 해라."

이는 그 젊은이들이 자신들의 꿈을 펼치게 될 무대를 굽어보며 호연지기(浩然之氣)를 키우게 하기 위한 겁니다. 더군다나 훗날 힘든 일에 부딪친다면 남산타워를 바라보며, "맞아, 그때 저 타워의 전망대에 올라 꿈을 꿨었지!"라며 자신의 꿈을 다시 떠올릴 수도 있을 것이고요.

물론 무엇보다 필요한 일은 꿈을 이루기 위한 준비를 차근차근 해나가는 일입니다. 꿈을 이루는데 필요한 능력도 키워야 하고, 꿈을 이루기 위한 환경도 마련해야죠.

결국 꿈을 만들어 마음속 깊이 새기고, 꿈을 이루기 위해 착실하게 준비한다면 그 꿈★은 반드시 이루어집니다.

# 제1행복설계 - 내 '꿈의 목록'

　가슴에 품고 있는 꿈을 끌어낸 다음, 다음과 같은 양식에 '꿈의 목록'을 작성하십시오. 눈으로 확인할 수 있도록 꿈을 기록하시는 겁니다.

　'꿈의 목록'의 가로는 꿈의 세 가지 종류인 '되고 싶은 사람', '하고 싶은 일', 그리고 '가지고 싶은 것'으로 나눕니다. 세로는 그 꿈을 이루고 싶은 기간으로 나눕니다. 예를 들면, '1년 이내', '10년 이내' 그리고 '평생'으로 설정합니다. 물론 기간은 자신에게 맞게 설정하면 됩니다. 그러면 아홉 개의 빈칸이 나오겠죠. 그 아홉 개의 빈칸을 차곡차곡 채우면 바로 '꿈의 목록'이 완성됩니다.

**제1행복설계 – 내 '꿈의 목록'**

|  | 되고 싶은 사람 | 하고 싶은 일 | 가지고 싶은 것 |
|---|---|---|---|
| 1년 이내 |  |  |  |
| 10년 이내 (원하는 대로) |  |  |  |
| 평생 |  |  |  |

처음에는 칸을 채우기가 쉽지 않을 수도 있습니다. 그래도 끝까지 작성합니다. 작성해본 다음 다시 훑어보면 새로운 꿈이 또 떠오를 겁니다. 그 다음에는 가슴이 설레는 꿈인지, 구체적인 꿈인지, 꿈으로 적합할지, 충분히 크고 범위가 넓은지, 정해진 기간 안에 이를 수 있겠는지 등을 감안하며 수정해나가도록 하십시오.

자신의 꿈을 찾고 있을 어린이와 청소년도, 그 꿈을 펼치고 있을 청장년도, 이미 꿈을 이루어 삶의 1모작을 끝낸 은퇴하신 분도 모두 '제1행복설계 – 내 '꿈의 목록''을 작성해보시기 바랍니다. '꿈의 목록'을 작성하는 순간부터 행복한 삶의 출발점에 서게 되어, 가슴이 뛰기 시작할 겁니다.

행복이야기 두 번째

# 자신에게 충실하기

누구든 자신에게 충실할 때 행복합니다. 예를 들면, 먹고 싶던 맛난 음식을 먹을 때 행복하고, 보고 싶던 유명 화가의 그림을 보거나 가보고 싶던 곳을 여행할 때 행복합니다. 흐뭇하거나 즐거울 때도 행복하고, 크게 웃을 때도 행복합니다. 기쁜 일이 생겨도 행복하고, 그 기쁨을 다시 떠올릴 때도 행복합니다. 좋은 사람들과 만날 때도 행복합니다. 좋은 책을 읽거나 새로운 것을 알게 될 때도 행복합니다.

정신적 수준이 높을수록 더 행복하게 살 수 있습니다. "건강한 육체에 건강한 정신이 깃든다"는 말이 있듯이, 건강을 위해 땀 흘릴 때도 행복합니다. 이 또한 자신에게 충실한 활동이기 때문입니다.

이렇듯 자신에게 충실한 활동이란 곧 자기 관리입니다. 자기 관리를 잘하는 사람이 훨씬 행복하게 살아가죠. 그래서 훌륭하게 살아가는 사람들을 보면 자기 관리에 철저하다는 사실을 알 수 있습니다. 즉, 행복하게 사는 사람이 훌륭하게 사는 사람도 될 수 있는 거죠.

# 누구나 '천상천하 유아독존'

제가 대학 새내기 시절 교양과목으로 들었던 불교철학 수업 때 교수님이 석가모니(釋迦牟尼)의 탄생 설화를 들려주셨답니다. 그 이야기가 지금도 기억나네요.

석가모니는 2,500여 년 전 인도 북부 지방의 샤카족 나라의 왕이었던 정반왕의 아들입니다. 대체적으로 석가모니를 부처님의 이름이라고 알고 있지만, 석가모니는 부처님의 이름이 아니라 '샤카족의 성자(聖者)'라는 뜻의 단어인 '샤카무니(Śākyamuni)'를 한자로 옮긴 겁니다. 석가모니의 본래 이름은 '싯다르타 고타마'였고요.

싯다르타를 임신해 만삭이었던 어머니 마야 부인은 당시의 관습에 따라 아기를 낳기 위해 친정으로 가던 중 룸비니 동산이라는 곳에서 해산을 하게 됩니다. 전설에 의하면 마야부인이 오른손을 들어 나뭇가지를 잡자 그녀의 옆구리에서 싯다르타가 태어났다고 합니다. 싯다르타는 태어나자마자 사방으로 일곱 발자국씩을 걸으며 오른손으로는 하늘을 가리키고, 왼손으로는 땅을 가리키며 '천상천하유아독존(天上天下唯我獨尊)'이라 외쳤다고 합니다.

그 교수님은 이 말의 의미를 "이 세상에 내가 없으면 다른 아무것도 존재할 수 없다. 즉 내가 가장 가치 있는 존재다. 내가 존재하니까 세상 만물도 존재할 수 있다"고 설명하셨습니다. 저는 그때나 지금이나 그 말이 옳다고 생각합니다. 여러분도 '나'는 세상에서 그 무엇보다도 가치 있는 '유일한 존재'라는 자존감을 자기 사랑의 시발점으로 삼기 바랍니다.

러시아의 대문호 톨스토이는 "지금 바로 앞에 있는 사람이 제일 소중한 사람이다"라고 말했다죠. 그러나 세상에서 첫 번째로 소중한 사람은 바로 자기 자신입니다. 이 세상에 '나'라는 존재가 없다면 '나'에게는 그 무엇도 존재할 수 없으니까요. 그러니 귀중한 자기 자신을 사랑하는 일을 먼저 해야 합니다. 내가 나를 사랑할 줄 모르면서 그 누구를 사랑할 수 있겠으며, 내가 나를 사랑하지 않는다면 그 누가 나를 사랑해주겠습니까?

'나'를 사랑하려면 무엇을 어떻게 해야 할지 생각해봅니다. 자신을 예쁘게 가꾸고, 맛있는 음식을 먹고, 몸을 편하게 하는 육체적 만족을 추구하는 일이 자기 사랑의 전부라고 할 수는 없으니까요. 육체적 자기 사랑이야 어떤 생명체라도 다 잘할 수 있잖아요. 그리고 사람에겐 정신적 자기 사랑이 더 중요합니다. 자신의 가치를 인식하고, 자신의 정체성과 삶의 원칙을 확립하며, 꿈을 수시로 확인해보고, 자신감을 확보하는 일이 정신적 자기 사랑이고요.

## 나의 정체성과 삶의 원칙

자신을 사랑하는 것은 먼저 자신의 절대적 가치를 인식하고, 자신이 누구인가를 바로 아는 일입니다. 즉, 자신이 누구인지 정확하게 알지 못한 채 하루하루 그냥 살아가는 것에서 벗어나는 거죠. 자신의 가치를 자신도 잘 알지 못하면서 다른 사람이 자신의 가치를 알아주기를 바랄 수는 없잖아요. 나 자신이 누구인지 모른다면, 그 누구도 내가 누구인지 알아주지 않습니다.

현대 경영에서는 조직의 존재 이유를 밝히는 사명(미션)과 조직의 미래상(비전)을 확립하는 일을 중요하게 여깁니다. 그래야 구성원들이 한 방향으로 나아갈 수 있으며, 고객도 그러한 미션과 비전에 공감해 회사의 발전에 큰 영향을 끼칠 수 있으니까요. 어느 무엇보다 소중한 존재인 '나'를 경영하기 위해서도 내 미래상을 확립해야 합니다. 그래야 내 정체성을 확실하게 정의할 수 있죠. 내가 추구하는 바른 가치, 내가 지키고자 하는 삶의 원칙도 확립해야 합니다. 그래야 나를 잘 경영해 행복하게 살 수 있지 않겠어요.

지나간 과거의 나는 무의미하며, 현재의 나 자신과 미래에 다가올 내 모습이 중요합니다. 젊을수록 미래가 더욱 중요하고요. 그러니 자신이 누구인가를 밝히기 위해 '정체성'을 정립하고, 추구하는 가치를 명확하게 정의하며, 지켜나가고자 하는 '삶의 원칙'을 선언하십시오. 그렇게 하려면 꿈을 분명하게 갖고 있어야 합니다. '꿈의 목록 만들기'가 그래서 더욱 중요합니다. 미래의 자신을 가늠해보는 일이니까요.

저와 함께 멘토링 프로그램에 참여하면서 미래를 설계했던 어느 학생의 정체성 정립 사례를 소개하겠습니다. 그 학생은 이렇게 선언했죠.

"나는 능동적이고 도전적인 삶을 살아가면서 남이 시도하지 않는 분야에서 최고의 위치에 오를 것이다. 나는 노벨 생리학·의학상 수상자가 될 사람이다."

이 학생은 이 선언 그대로 자신의 앞길을 개척해나가고 있습니다. 같은 시대에 같은 교육을 받고 있더라도 이처럼 정체성을 확립하고 살아가는 사람과 그렇지 못한 사람의 장래는 엄청난 차이를 보이게 됩니다.

그럼 다른 학생의 사례도 보겠습니다.

"나는 내가 공부하고 싶었던 사회복지학과에 입학한 학생이다. 내 첫 인생의 큰 목표를 달성한 일에 자부심을 느낀다. 나는 사회복지를 전공하여 한국의 복지 증진을 위해 일할 것이다. 나는 미래의 보건복지부 장관이 되어 우리나라 복지계의 큰 별이 될 사람이다."

이 학생이 설사 나중에 꿈을 바꾸더라도, 또는 이루지 못하더라도 이러한 큰 자존감으로 미래를 행복하게 개척해갈 수 있습니다. 이 학생은 또한 '삶의 원칙'을 다음처럼 정립하고 있습니다.

"나는 정신적으로 풍요로운 삶을 살아가겠다. 나보다 오래 산 선배에게서 조언을 많이 얻고, 여러 대외 활동을 통해 많은 경험을 하고, 독서도 많이 할 것이다. 우선 내 내면을 풍요롭게 만든 후에 그 풍요를 남들과 나누며 살아갈 것이다."

자신이 살아가면서 지켜나가려는 원칙이 분명하게 드러나있지 않습니까? 이 학생은 흔들림 없이 살아갈 수 있으리라는 믿음이 듭니다.

마지막으로 사례 하나를 더 소개하겠습니다.

"나는 후회 없는 삶을 살아가겠다. 강력한 도전정신으로 단 한 번뿐인 삶을 의미 있게 만들 것이다. 나는 자신감을 갖고, 실패를 두려워하지 않으며, 혹시 실패하더라도 그것을 값진 경험으로 받아들일 것이다."

이 학생이 설사 시간이 지나면서 원칙을 바꾸더라도 자신의 삶에 대한 확고한 주관을 갖고 있을 것임은 분명합니다.

### 두려움을 척결하는 '자신감 목록'

자신을 사랑하는 방법 중 또 하나는 자신감을 가지는 일입니다. 자신감은 나를 믿는 마음입니다. 즉, 어떤 어려움도 극복해낼 수 있다고 생각하는 마음가짐이죠.

성공적으로 살아가려면 반드시 자신감을 가져야 합니다. 자신감을 가지게 되면 어떤 일을 앞두더라도 두려움 없이 그 일에 임할 수 있고, 그 일을 하면서 더 많은 행복도 느낄 수 있으니까요. 자신감을 가지려면 자신의 능력을 강화하고, 경험도 쌓아야 합니다. 그에 앞서서 지금 당장 자신 있게 할 수 있는 일을 확실하게 알고 있어야 합니다. 여기에 도움이 되는 자료가 바로 '자신감 목록'입니다. 글자 그대로 내가 자신 있게 할 수 있는 것을 기록한 목록이죠. 남들과 비교해 더 잘하는 것이 아니라, 내가 자신 있게 할 수 있는 일이면 충분합니다.

대학생들에게 '자신감 목록'을 만들어보라고 하면 모두 곧잘 만듭니다. '자신감 목록'을 만들어본 후에는 모두 자신감이 한결 더 커진 것 같다며 좋아하고요. 그중 한 학생의 사례를 소개해보겠습니다.

이 학생은 처음 만났을 때 유난히 자신감이 떨어져있다 보니 멘토링에도 아주 소극적으로 임했었죠. 그런데 자신감을 가지는 방법에 대한 대화를 나누고, 다음과 같은 '자신감 목록'도 작성해보면서 적극적인 학교생활을 하기 시작하더군요. 이 학생의 '자신감 목록'을 한번 읽어보시죠.

1. 나는 명상 능력이 뛰어나다. 빠른 시간에 명상을 통해 마음의 안정을 찾을 수 있다.
2. 나는 심적으로 편안함을 느끼게 하는 사회적 활동을 잘하고 있다. 한 달에 한 번 있는 멘토링 활동에서 우리를 올바른 방향으로 인도해주시는 멘토님과, 나와 같은 마음으로 공감해주는 멘티가 있어 든든하다.
3. 나는 사진 찍는 것에 관심이 많다. 주로 행복과 긍정의 분위기를 사진에 담으려 한다. 내가 구상한 대로 사진이 찍혔을 때 행복해진다. 나는 나중에 사진첩을 펼쳐보면서 당시의 오감과 기분을 떠올리며 추억에 잠기곤 한다.
4. 나는 헬스 트레이닝의 올바른 자세에 대해 잘 알고 있다. 특히 기구 운동의 정확한 자세를 알고 있어 처음 해보는 기구 운동 자세도 금세 제대로 잡고서 임할 수 있다.

5. 나는 상대방을 설득하는 능력을 갖추고 있다. 상대방을 설득하려면 신뢰감을 주며 공감해주는 것이 중요한데, 나는 이러한 공감을 제스처·말투·표정 등 다양한 방법으로 상대방에게 지긋이 표현하는 능력이 있다.

6. 나는 동영상 편집에 자신이 있다. 기본적인 자르기·붙이기·늘이기 등을 해낼 수 있고, 영상과 어울리는 적절한 배경음악과 편집 방식에 대한 감각도 있다.

7. 나는 맡은 일을 꾸준하게 한다. 내게 주어진 일을 묵묵히 꾸준하게 하는 타입이다.

8. 나는 웃는 인상을 유지한다. 그래서 누구에게라도 '나'를 떠올리라 하면 잘 웃는 인상을 먼저 떠올린다고 한다. 그러기 위해 거울을 보거나 휴대폰 뒷면의 웃음스티커를 보면서 항상 방긋 웃는 표정을 지어보고 있다.

9. 나는 화를 잘 내지 않는다. 화를 낸다고 해서 해결될 일이 없다는 걸 알기에 굳이 화를 내어 스트레스를 받지 않도록 한다.

'자신감 목록'에 들어가는 내용은 자신의 강점이기도 합니다. 그러니 '자신감 목록'을 작성하면서 자신의 강점을 발견하고, 이를 더욱 강화시킨다면 그 분야에서 일인자가 될 수도 있습니다. 그래서 자신감을 가지는 일과 자신의 강점을 강화하는 일이 자기 사랑의 구체적이고 확실한 방법인 겁니다.

무릇 자신감이 솟아나지 않는 일, 잘하지 못하는 일은 아무리 잘해보려고 노력해도 한계가 있습니다. 당연히 그 분야에서는 일인자가 되기 어렵습니다. 반면에 자신감이 있는 일, 잘할 수 있는 일은 노력할수록 더 잘하게 되어 무한히 발전할 수 있고, 그 분야에서 독보적인 일인자가 될 수도 있습니다.

혹시 '학점 요청'이라는 말을 들어보셨나요? 교수님에게 학점을 달라는 '학점 구걸'이라는 말은 들어봤겠지만, '학점 요청'이라는 말은 낯설 겁니다. 물론 자랑하는 말인데, 저는 교수님에게서 당당히 높은 학점을 얻어내는 '학점 요청'을 했었습니다. 대학 졸업반 가을 마지막 시험 때였어요. 마침 취업이 되어 회사 내 연수원에 입소하라는 통보를 받았습니다. 그런데 공교롭게도 시험 마지막 날과 입소하는 날이 겹치더군요. 입소 일자를 바꿀 수도 없고, 시험을 안 볼 수도 없었습니다.

당시 총장상을 잔뜩 노리고 있었기에 시험을 봐서 학점을 받아내야 했죠. 정말 고민을 많이 했습니다. 더구나 두 과목은 교양 필수 과목, 그러니까 다른 학과 교수님들의 과목이었죠. 당연히 두 교수님들 모두 제가 잘 알지도 못하는 분들이었습니다. 고민을 해결할 수 있는 길이라면 교수님들을 미리 찾아뵙고 학점을 주십사 하고 말씀드리는 방법뿐이었습니다. 더군다나 기본 학점 정도가 아니라 적어도 B학점 이상은 받아야 총장상을 받게 될 터였죠. 용기를 내어 교무과에서 지난 학기까지의 성적증명서를 발급받아 교수님들을 찾아갔습니다. 찾아온 사유를 설명하고 성적증명서를 보여드리며 이렇게 말씀을 드렸습니다.

"시험을 본다면 A학점을 받을 자신이 있지만, 연수원 입소일자와 겹쳐 시험을 볼 수가 없습니다. 그러니 최소한 B학점 이상은 주셨으면 합니다."

한 분은 이러한 사정 이야기를 들으시고 성적증명서도 보시더니 쉽게 "그러겠네"라고 하셨는데, 다른 한 분은 학점을 줄 수는 있지만, 높게 줄 수는 없다고 하셨습니다. 그래도 포기하지 않고 간곡히 부탁을 드렸더니 중간선인 C학점을 주겠다고 하시더군요. 내심 만족스럽지는 않았죠. 그래도 구걸이 아니라 '요청'을 했고, 또 그것이 받아들여지게 했으니 참 뿌듯합니다.

이는 그동안 성실하게 공부해 학점을 잘 받아온 덕분이었죠. 물론 교수님들은 '꽤 당돌하다!'고 생각하셨겠지만, 저는 자신감을 앞세워 이런 일을 해냈던 겁니다. 이런 일이 오늘날 대학에서도 가능할지는 모르겠습니다. 다만 자신감을 갖고 당당하게 부딪혀본다면 좋은 결과를 거둘 수 있다는 이야기를 하려고 소개해드린 예시입니다.

결론을 말씀드리자면, '꿈의 목록'에서는 최종적으로 되고 싶은 사람을 자신의 미래상으로 삼고, 정체성과 함께 삶의 원칙을 선언하십시오. 그리고 '자신감 목록'도 만드십시오. '자신감 목록'을 만든다면 자신감이 충만해질 것이며, 신념도 확고해질 겁니다. 물론 미래의 삶에 대한 강한 의지와 굳은 신념으로 행복하게 살 수 있습니다. 그렇게 하는 일이 진정한 자기 사랑입니다.

자신을 사랑할수록 인생은 점점 더 확실하고 단단해집니다.

# 되새김을 할수록 커지는 기쁨

"항상 기뻐하세요"라고 말하면 "기뻐할 일이 있어야 기뻐하지 않겠어요?"라고 반문하는 분들이 있죠. 그런 분들은 아침에 눈을 뜰 때 웃으면서 "아! 또 즐거운 하루가 시작되는구나!"라 외치며 일어나보세요. 그러면 하루를 기쁜 마음으로 시작하게 됩니다. 하루 중 언짢은 일이 생기면 "어쩌다 생기는 일이야. 곧 지나가겠지"라 생각하고, 기쁜 일이 생기면 "기쁜 일이 자주 생겨서 참 좋아"라고 생각해보세요.

눈여겨 살펴보면 일상적 삶에서 기뻐할 만한 일은 누구에게나 계속 일어나고 있다는 사실을 알 수 있습니다. 예를 들면, 친구가 오랜만에 전화를 했다든가, 우연히 들어갔던 작은 식당의 음식이 맛있었다든가, 전철에서 연세가 꽤 지긋하신 분이 힘들어 보이는 젊은이에게 자리를 양보하는 모습을 보며 흐뭇했다거나, 누군가가 내게 듣기 좋은 칭찬을 해주었다든가, 모임에서 재미있는 이야기를 들었다든가, 카톡으로 온 짧은 글의 내용에 가슴이 뭉클했다든가 같은 경우 말이죠. 그와 같은 일상의 작은 일들을 그냥 무심하게 보고 넘기는 분들도 많습니다만, 긍정적인 마음으로 보면 "세상에는 사소하더라도 기뻐할 만한 일이 참 많다"는 생각도 들 겁니다. 그런 기쁨을 모두 느낄 수 있는 긍정적·낙천적 마음이 필요합니다.

심리학자가 우울증 환자들에게 기뻤던 일을 한두 가지씩 매일 기록해보라고 권했습니다. 처음에는 환자들이 기쁜 일이 있어야 적을 게 아니냐고 불평했습니다. 그래서 심리학자는 "혹시 친구에게 전화가 왔었나요?", "점심식사는 맛있게 드셨고요?", "어릴 때 어머니와 함께했던 일을 떠올려보세요" 등 아주 사소하고 일상적인 일들을 기록하고 다시 느껴보라 했습니다. 얼마 뒤부터 그 집단의 우울증이 현저히 줄어들더니, 마침내 치료 기간도 크게 단축되었다고 합니다.

### '추억 목록'과 '올해의 10대 뉴스'

그래서 저도 살아오면서 있었던 일들 중 잊을 수 없는 즐거운 추억들을 기록으로 남기면 좋겠다는 생각을 했습니다. 곧바로 '추억 목록'이라는 제목을 붙이고서 기쁘거나 즐거웠던 일들을 생각나는 대로 요약해서 적기 시작했죠. 지난날에 있었던 좋은 일들이기에 다시 읽어볼 때마다 당시의 즐거움이나 기쁨이 다시 살아나곤 하더군요. 이후 시간이 날 때마다 그런 일에 대해 한두 쪽 분량의 글도 써봤습니다. 예를 들면, 어릴 적에 부모님과 함께하던 일, 학창 시절에 있었던 일, 아내를 만날 무렵의 일, 아이들을 키울 때의 일 같은 것들을 말이죠. 한 가지씩 글로 써보면서 당시의 행복이 다시 느껴졌고, 그 순간 마치 그때로 되돌아간 듯한 착각에 빠지기도 했습니다.

기뻤던 일을 다시 떠올려보면 당시와 비슷한 기쁨을 또 느낄 수 있습니다. 그러니 지난날의 작은 성공이나 소소한 즐거움을 떠올려 되새겨보십시오. 자신도 모르는 사이에 입가에 미소가 흐르고 있음을 느끼게 됩니다. 그런 기억을 떠올릴 때마다 행복해지는 거죠.

결국 추억 하나를 몇 번이고 되새김으로써 행복을 누릴 수 있는 겁니다.

누구라도 잘 찾아보면 지금까지 살면서 즐겁고 기뻤던 일이 많았다는 사실을 발견할 겁니다. 그런 일을 기억 속에 가두어두지 말고 떠올려 당시의 행복을 다시 느껴보십시오. 지금 이 순간이 행복했던 그 순간으로 바뀌게 됩니다. 그런 '추억 목록'을 작성해보십시오. 물론 갑자기 '추억 목록'을 작성하려면 기억이 잘 나지 않을 수도 있습니다. 그렇더라도 어릴 때의 기억부터 곰곰이 되짚어보면 누구나 다양한 추억을 떠올릴 수 있습니다. 지난날의 삶이 가지런히 정리되기도 하고, 기쁨과 즐거움의 소재가 넉넉해지죠. 그런 것들이 앞으로 항상 기뻐하는데 큰 도움이 됩니다.

'추억 목록'을 작성한 뒤에는 매년 연말에 가족이 함께 모여 '올해의 10대 뉴스'를 뽑아 '추억 목록'에 추가하면 더욱 좋습니다. '올해의 10대 뉴스'는 첫해에는 10여 개뿐이겠지만, 20~30년 후에는 200~300개에 이를 겁니다. 그때 그 목록을 보면서 "아! 맞아. 이땐 이랬었지!"를 연발하며 당시의 기쁨·아쉬움·안타까움·슬픔·흐뭇함·즐거움 같은 감정도 함께 누려보는 거죠.

'추억 목록'을 작성하는 것은 내 무의식 속에 꼭꼭 숨어있었을 내 소확행(소소하지만 확실한 행복)을 의식의 세계로 꺼내놓는 작업입니다. 사실 소확행이란 예를 들면 이런 것 아니겠습니까. 저녁에 집에 들어가서 가족과 함께 식탁에 앉아 그날 있었던, 작지만 기쁘고 즐거웠던 일들을 하나씩 이야기하는 것 말이죠. 여러분도 그런 시간을 가져보십시오. 하루에 한 가지씩 기쁘고 즐거웠던 일을 가족과 함께 이야기해보는 겁니다. 그러면 하루를 행복하게 마감할 수 있습니다.

### '해피 뉴스' 나누기

일주일에 한 번씩 가지는 모임이 있습니다. 그 모임에서 몇 년 전부터 자주 하는 일이 있습니다. '해피 뉴스'를 나누는 일이죠. 한 사람씩 돌아가면서 일주일 동안 있었던 즐겁거나 기뻤던 일을 이야기합니다. 회원들 간에 행복을 공유하는 시간이죠.

가족과 즐거운 여행을 했다던가, 영화를 봤더니 매우 감동적이었다거나, 책을 읽었는데 내용이 좋았다던가, 미술 공모전에서 입선했다던가 같은 일들이죠.

사소한 일들이지만 함께 공감하고, 정보도 얻고, 자랑도 할 수 있어 모두들 즐거워합니다. 처음에는 쑥스러워서 잘 진행되지 않았지만 몇 번 거듭하고 나서는 잘되게 되었죠. 그래서 지금은 행복했던 일을 축하하고 공감하면서 아주 좋은 시간을 가질 수 있습니다.

　그날의 기뻤던 일을 잠자리에 들기 전에 잠깐 회상해도 좋고, '기쁨일기'로 기록한다면 더욱 좋습니다. 미소가 지어지게 해주는 기쁨을 다시 한 번 누리게 되니까요. 그런 일을 매일매일 반복한다면, 항상 기뻐하는 삶을 살아갈 수 있습니다. 쉬운 일은 아니겠지만 무덤덤하거나 우울하게 하루를 마감하는 것보다는 훨씬 낫지 않겠습니까?

　이런 식으로 지난날의 기뻤던 일들을 다시 떠올려보고 가까운 사람과 함께 나누어보세요. '추억 목록' 그리고 '올해의 10대 뉴스' 같은 기록으로 남겨 두고두고 되새김하는 겁니다. 그럴 때마다 소소하게나마 행복을 누릴 수 있죠. 기쁨을 되새김할수록 내 인생이 밝고 행복해지니까요.

# 웃음보따里<sup>(리)</sup>에 가다

"행복해서 웃는 것이 아니라, 웃으면 행복하다."

미국 철학자 윌리엄 제임스가 한 말입니다.

코미디언은 웃음으로 사람을 행복하게 해줍니다. 그런 분들이 있어 사회가 밝아지는 게 아니겠어요? 1969년부터 방송했던 〈웃으면 복이 와요〉라는 TV 코미디 프로그램이 힘들었던 그때 그 시절의 우리 국민들을 많이 웃게 함으로써 사회를 밝게 했던 일이 생각나네요.

사실, 어린이는 하루에도 수십 번씩 웃으며 밝게 지내지만, 나이가 들수록 웃는 횟수가 줄어듭니다. 믿을 수 없으시다면 지하철에서 맞은편에 앉아있는 사람의 표정을 한번 보십시오. 대부분의 사람은 입을 굳게 다물고 입꼬리는 아래로 처져있지 않습니까. 표정이 어둡거나 심각한 모습을 한 사람들도 많고요. 화가 난 듯 양미간을 찌푸리고서 앉아있는 사람도 있습니다. 그러한 표정을 한 사람이 행복할 수 있을까요? 주위 사람에게까지 우울한 느낌이 전해집니다. 만약 자신이 그런 얼굴을 하며 앉아있다고 상상해보십시오. 누가 호감을 갖고 가까이 다가오려 하겠습니까?

### 웃는 연습하기

웃음도 연습이 필요합니다. 사실 웃는 얼굴 만들기도 상당한 연습과 노력이 필요한 일이거든요. 어느 분은 아침에 샤워하면서 벌거벗은 채 웃는 연습을 하셨다더군요. 하긴 거울 속에서 어색한 표정을 짓고서 웃고 있는 자신의 벗은 몸을 보면 절로 웃음이 나올 듯합니다. 그것까진 따라 하지는 않았지만, 저도 거울이나 얼굴을 비출 수 있는 곳이 있을 때마다 웃어보는 연습을 했습니다.

이런 방법이 부담스러우신 분들에게는 다른 방법도 있습니다. 문방구에 가면 다양한 웃는 모습이 인쇄된 웃음스티커를 살 수 있습니다. 자주 만나는 분 중에 이런 웃음스티커를 갖고 다니면서 만나는 사람들에게 나누어주는 분이 계시는데, 그분은 항상 웃는 얼굴로 사람들을 대하시더군요. 그분의 영향을 받아서인지 저도 주변 물건들에 온통 웃음스티커를 붙여놓고, 그걸 볼 때마다 웃는 얼굴을 만들려고 노력하고 있습니다. 침대·컴퓨터·텔레비전·책상·자동차의 핸들·지갑·스마트폰 등 눈에 띄는 모든 곳에 웃음스티커를 붙인 거죠.

여러분도 웃음스티커를 여기저기 붙여놓은 다음 웃음스티커가 눈에 띌 때마다 웃어보세요. 얼굴을 비춰볼 만한 거울이 있는 곳에서는 웃는 연습도 계속해보시고요. 저는 웃음 연습을 시작한 이후로 친구들에게서 이런 말을 자주 듣고 있습니다.

"천사야, 너 요즘 얼굴 참 좋아졌다. 훨씬 젊어 보여."

## 웃음을 터뜨리는 웃음보따里(리)

포털사이트 '다음'에 '웃음보따里(리)'라는 까페(커뮤니티)가 있습니다. 까페 주소(url)가 http://cafe.daum.net/laughcenter인데, 관심 있으신 분은 한번 들어가보세요.

까페의 이름이 이러하니 이 카페를 운영하는 분을 이장(里長)이라고 부르더군요. 요즘 자주 들어가지 못하고 있지만, 오래전 이 카페가 만들어졌을 무렵에 가입하고 정모(정기모임)에도 자주 참석했었습니다. 정모에 나가면 두어 시간 동안 모든 참석자들이 큰소리로 실컷 웃다가 돌아갑니다. 이장님이 암에 걸렸다가 웃음치료법으로 완치되었기에 비슷한 처지에 계신 분들을 모아 항상 즐겁게 웃을 수 있는 카페를 만들었다고 하시더군요.

어느 정모 때였습니다. 당시 70대 중후반쯤 되어 보이는 분이 정모 장소로 들어오면서 큰소리로 웃기 시작했습니다. 정말로 뭔가가 우스워서 그랬는지, 아니면 억지웃음인지 알 수는 없었어요. 하지만 정말 크고 호탕하게 웃으셨습니다. 한참을 그렇게 웃더니 대뜸 이렇게 말씀하시더군요.

"여러분, 제가 미친 사람 같아 보이지요?"

그렇게 물으면서 당신 윗옷을 올려보이셨습니다. 수술 자국이 여러 개 있더군요. 이분은 오래전에 암에 걸려 수술을 받았는데, 그 후 암세포가 여러 곳으로 전이되어 네 번이나 더 수술을 받으셨다고 했습니다. 마지막 수술 후에는 자포자기하고 죽을 날만 기다리고 있었다고 하셨어요. 그런데 어느 사람이 웃음치료법을 가르쳐주더랍니다.

'까짓것! 죽기 전에 실컷 웃다가 죽자.'

그런 마음으로 계속 웃기 시작했더랍니다. 집에서 크게 웃자니 이웃에 미안해 집 근처 운동장으로 가서 큰소리로 웃었다더군요.

그분은 가슴을 탕탕 치면서 우리에게 이렇게 외치셨습니다.

"이제 저는 아주 건강합니다. 여러분도 하루에 열 번 이상 큰 소리로 웃으세요. 가짜로 웃어도 뇌는 알아채지 못하고 엔도르핀(endorphin)을 쏟아낸답니다. 그러니 많이 웃으세요. 웃음이 만병통치약이에요."

웃음은 마음을 행복하게 만들어주기도 하지만, 기분을 좋게 하고 통증을 줄여주는 엔도르핀을 뇌가 분비하게 해주는 등 육체가 건강해지는 데에도 매우 긍정적인 영향을 미칩니다. 그러니 유튜브에서 웃음을 연습할 수 있도록 도와주는 동영상을 찾아 연습도 하고, 거리를 지나다가 자기 얼굴을 볼 수 있는 곳이 있으면 입꼬리를 올려 웃는 연습도 해보십시오. 웃음을 주는 방송 프로그램도 많으니, 그런 프로그램들도 자주 보며 실컷 웃어도 좋습니다. 카페 '웃음보따里(리)'에도 들어가보시고요. 어떤 방법으로든 많이 웃으며 얼굴을 환하게 해야 합니다.

아래의 내용을 꼭 기억하세요.

"아침에 눈을 뜨면 크게 웃으며 일어나십시오. 기분이 한결 좋아지고 행복해집니다. 웃음스티커를 이곳저곳에 붙여놓고 보일 때마다 웃으시고요. 자기 얼굴을 볼 수 있는 곳이 있으면 씨~익 웃는 연습도 하십시오. 웃는 연습을 계속하면 얼굴이 환하게 피어나는 것을 느낄 수 있습니다. 주변 사람들에게서 "건강해 보입니다" 혹은 "나이보다 젊어 보입니다" 같은 말도 자주 듣게 될 겁니다. 웃으면 웃을수록 여러분의 인생은 더욱 아름답고 행복해집니다."

# 취미 활동으로 감각을 일깨우세요

미지의 세계로 여행을 떠난다든가, 아름다운 음악을 듣는다든가, 영화나 연극을 관람하거나, 게임을 즐긴다든가, 땀 흘리며 운동한다든가 하는 활동들은 온몸의 감각을 일깨우고 오감을 충족시켜줍니다. 감각을 일깨우고 오감을 충족시키는 일이 바로 취미 활동이고요. 취미 활동을 즐기면서 "아! 나는 왜 이렇게 우울하고 불행할까?"라고 하는 사람은 없습니다.

### 삶을 다양하게 하는 취미 활동

저는 취미가 많은 편입니다. 고등학생 때부터 바위산을 타던 취미를 가진 걸 시작으로 지금은 운동 분야의 취미를 비롯해 바둑·사진 등 10여 가지 이상을 갖고 있죠. 요즘에는 풍란을 키우는 취미도 생겼습니다.

이 중에서 제일 좋아하는 취미는 사진인데요, 사진에 대한 관심은 아주 오래전부터 갖고 있었지만 본격적으로 배운 건 상당히 늦은 편입니다. 그런데 사진을 배우면서 새로운 세상을 만난 듯했어요. '어떻게 이렇듯 내게 꼭 맞는 취미를 이리도 늦게 접한 걸까?' 싶었을 정도죠. 너무 좋았습니다.

사진 취미에는 다음과 같은 다양한 장점이 있더군요.

먼저, 좋은 사진을 찍으려면 경치 좋은 곳으로 가야만 하지 않겠습니까. 경치 좋은 곳에 가서 사진 찍을 만한 곳을 찾아 여기저기를 부지런히 둘러보다 보니 정서적으로 좋은 영향을 받게 되더라고요.

둘째로, 사진을 찍다 보면 남이 쉽게 보지 못하는 부분적인 아름다움을 발견할 수 있습니다. 훨씬 더 많은 아름다움을 보고 느낄 수 있게 되는 거죠. 이렇게 살다 보면 세상이 이전보다 훨씬 더 아름답다고 생각하게 됩니다.

셋째로, 사진을 찍으러 몇 시간 정도 돌아다니다 보면 적어도 만보 이상은 걷게 됩니다. 더구나 앉았다 일어서기도 반복하고요. 평소에는 마음먹고 하려고 하면 안 되던 운동인데, 참 쉽게 되지요?

넷째로, 다른 취미는 해당 활동을 하는 시간에만 즐길 수 있지만, 사진은 카메라에 담아서 가져온 사진을 고르고 보정하면서 활동할 때와 같은 시간을 또다시 즐길 수 있습니다. 즐거움이 두 배가 되는 거죠.

이렇게 만들어낸 사진 작품들을 공모전에 출품해보세요. 입선이라도 한다면 그 성취감은 대단히 큽니다.

취미는 있으면 좋고 없어도 그만인 것이 아니에요. 취미는 우리의 삶에서 반드시 필요한 가치입니다. 그러니 가급적 많이 가질수록 좋죠.

나이가 많이 들어 정년퇴직을 한 뒤에는 할 일이 점점 없어져 고통스러운 무위고(無爲苦)를 겪게 됩니다. 무위고를 없앨 수 있는 좋은 방법 중 하나가 취미를 많이 가지는 거죠. 저는 취미가 제법 많아서 그런지 은퇴 후 무위고를 겪어본 적이 없습니다. 심심할 새가 없으니까요. 누가 뭐 좀 해보자고 하면 바로 어울릴 수 있어서 좋고요.

제가 지금 만나는 사람들 중 대부분이 각종 취미를 함께하는 동호회 사람들입니다. 이런 동호회 활동들을 하다 보니 젊었을 때보다 오히려 활동 범위가 넓어졌어요. 그래서 취미는 반드시 가져야 하는 삶의 필수 요소라고 하는 거 아니겠어요. 여러분도 취미를 많이 가지세요. 그럴수록 삶이 다양해지고 더 행복해집니다.

### 배우자와 함께하는 취미

배우자와 함께하는 취미를 가지면 더욱 행복해집니다.

저는 결혼하고 얼마 뒤 아내와 같은 취미를 가져보자고 생각했죠. 아내와 함께 있는 시간이 더 많아질듯 했거든요. 아내도 좋다해 처음에는 배드민턴으로 시작했습니다. 누구에게서 배우지도 않고 그냥 둘이서 치기 시작했어요. 비바람 부는 날 빼곤 거의 매일 아침마다 운동을 겸해서 즐기다 보니 제법 잘 치는 수준까지 올랐습니다. 우리 부부는 이를 계기로 같이 할 수 있는 취미를 더 만들었어요. 아침마다 달리기도 했고, 자전거도 탔고, 볼링·등산·낚시·골프 등도 함께했습니다.

당구와 바둑과 사진은 아내가 배우지 않았습니다. 바둑은 시도해봤는데 늦게 배워서인지 어려워했습니다. 그래도 승부욕이 강해서 지게 되면 바둑판을 휘저어놓고는 웃더군요. 아내는 몇 번인가 그렇게 하다가 결국 바둑 배우기를 그만두었습니다. 저도 아내가 잘하는 서예는 배우지 못했지요.

운동경기 관람은 젊었을 때부터 함께 즐겼습니다. 특히 야구를 좋아해 요즘에도 1년에 몇 차례씩 경기장을 찾습니다. 야구장을 찾을 때는 응원하는 선수의 유니폼을 입고 갑니다. 봄부터 가을까지는 저녁마다 프로야구를 보느라 집안이 부산합니다. 응원하는 팀도 확실해 즐거움이 더 크죠. 아내는 야구를 보며 '작전'을 논하기도 합니다. '번트를 대야 한다', '대타를 써야 한다', '투수 교체 시점이다' 같은 식이죠. 그래서 저는 아내를 '감독님'이라고 부르며 놀립니다.

이렇듯 저는 은퇴 이후의 일상이 참 재미있고 행복합니다. 다른 사람을 만날 약속이 없는 날에도 아내와 다양한 취미를 즐길 수 있으니까요. 이렇듯 배우자와 함께하는 취미가 많을수록 부부간의 정도 돈독해집니다. 특히 노후의 삶이 풍부해지고 활동적이 됩니다. 행복이 배가 되는 거죠.

# 호랑이에 물려가도 정신줄 놓지 마세요

'마지못해 살아간다'는 마음을 갖고 있다면 결코 행복해질 수 없고, 또한 자기 연민이나 피해의식을 갖고 있다면 절대로 행복할 수 없습니다. 자포자기해서 미래가 보이지 않는다면 행복할 수 없지 않겠어요.

의식지수는 정신적 성숙도를 수치로 나타낸 지수입니다. 의식지수가 높은 사람은 완성 단계에 가까운 사람, 즉 행복하게 살 수 있는 사람입니다. 그래서 저는 현시점에서 우리 사회에 절대적으로 필요한 정책은 경제 성장이나 복지 확대보다 의식지수를 높이는 것이라고 봅니다.

즉, 의식지수를 높이기 위해 일상생활에서 정신건강을 위한 활동을 충분히 할 수 있는 사회적 기반이 마련되었으면 합니다. 사회모임·평생학습·독서·글쓰기·예술 공연 및 전시회 관람·종교 활동 등이 정신건강 활동이라 생각합니다.

그 이유를 구체적으로 말씀드리자면 다음과 같습니다.

### 사람들과 어울리는 모임

사회모임에 참석하는 건 정신건강에 긍정적 영향을 주지요. 다행히도 우리나라 사람들은 크고 작은 모임에 많이 참석합니다. 동창회·향우회·취미모임·회식이나 미팅 같은 것들 말이지요. 그런 모임에 참석해 반가운 사람을 만나기도 하고, 맛있는 음식을 먹기도 하고, 정보를 주고받기도 하고, 이야기를 나누면서 즐거운 시간을 보낼 수도 있습니다.

그러니 남들이 불러주어서 나가는 모임은 물론이고, 동호회 등에서 주최한다고 공지를 올린 모임에도 열심히 참석해야 합니다. 불러주었는데도 참석하지 않으면 다시 부르지 않으니까요.

더군다나 우리나라에는 조선 시대부터 다른 나라에서는 찾아보기 힘든 모임이 있지요. 친목·저축·상호부조 등을 목적으로 하는 작은 규모의 모임인 계(契)가 그것입니다. 오늘날에는 부녀자들이 목돈을 만들기 위한 모임 정도로만 생각하지만, 옛 절대군주제하의 신분사회에서 서민들도 소소하나마 행복을 누릴 수 있도록 해준 사회모임이었죠.

## 배우고 익혀 즐거운 평생학습

뭔가를 배운다는 건 즐거운 일이지요. 배움은 새로운 세상을 알게 해주고, 궁금증을 충족시켜주며, 지식·상식도 늘려주니까요. 특히 새로운 지식·상식을 갖게 되면 사고의 범위가 넓어지고 의식지수도 높아집니다. 그래서 무엇이라도 배우고 익히는 일은 행복으로 이어지지요.

몇 년 전 오랜만에 만난 친구가 국립중앙박물관에서 운영하는 박물관대학을 다닌다고 말하더군요. 박물관대학에 대한 얘기는 오래전부터 들었지만 그동안 관심을 두지 못했었는데, 친구의 이야기를 듣고 귀가 쫑긋했습니다. 그 다음 해에 아내와 함께 박물관대학에 등록하고 우리나라의 역사·문화·종교 및 각종 예술 등에 대한 강좌들을 들었습니다. 학창 시절로 되돌아간 듯 배움의 즐거움을 크게 누렸었지요.

그러고 보니 학창 시절에 '학이시습지(學而時習之), 불역열호(不亦說乎)'라는 글귀를 배웠었지요. "배우고 익히면 즐겁지 아니한가"라는 뜻으로 공자님이 2,500여 년 전에 하신 말씀입니다. 저도 요즘 책을 읽거나 강의를 들으면서 배움의 즐거움이 크다는 걸 느낍니다. 배움은 호기심을 충족시키고, 자신을 완성시키며, 정신건강을 돌보는 일이니까요.

배우고자 하는 마음만 있으면 배움을 구할 수 있는 곳은 얼마든지 있습니다. 가까이는 각종 지방자치단체의 다양한 강좌를 들 수 있지요. 국립중앙박물관·예술의 전당·각 대학의 평생교육원·백화

점의 문화강좌에 이르기까지 사회 곳곳에 배울 곳은 참 많습니다. 그리고 이런 강좌들을 찾아다니는 일도 훌륭한 정신건강 활동입니다. 그래서 이런 강좌들을 찾아가 강의를 듣는 사람이 행복하게 살아가고요. 그러니 바로 주변의 교육기관을 찾아가서 관심있는 과목을 수강해보시기 바랍니다.

### 모습이 아름다운 책 읽기

책 읽기, 즉 독서에 빠졌을 때를 떠올려보십시오. 책을 읽을 때 행복하지 않습니까? 그렇듯 계속해서 책을 읽는 습관을 들일수록 행복한 시간을 더 많이 가질 수 있습니다.

우리나라 사람들의 독서열이 다른 선진국 국민들에 비해 많이 떨어진다는 얘기는 아주 예전부터 있었잖아요. 어릴 때는 부모의 교육열 때문에 책을 열심히 읽지만, 그에 대한 반작용인지 어른이 되면서 책을 멀리한다죠. 몇 년 전부터는 스마트폰이 보급되면서 지하철역에서는 신문과 잡지를 파는 가판대들마저 사라지고, 미장원이나 은행에서 대기하는 고객들이 비치된 잡지를 보는 풍경도 아름다운 추억이 되었고요.

문화체육관광부가 파악한 2018년 10월부터 2019년 9월까지 1년간 우리 국민 독서율(1년에 교과서 · 참고서 · 수험서 · 만화 · 잡지 이외의 책을 한 권 이상 읽은 비율)이 학생 전체는 90.7퍼센트인 반면, 성인은 52.1퍼센트에 그쳤다고 합니다. 더구나 성인은 2015년에 비해 무려 13.2퍼센트나 하락했다는군요.

성인들은 책 읽기가 충분치 못한 이유로 '책 이외의 다른 콘텐츠 이용'을 먼저 꼽았습니다. '일하느라 바빠 시간이 없어서'와 '책 읽기가 싫고 습관이 들지 않아서'가 그 뒤를 이었고요. 당연히 앞서 말씀드렸듯이 스마트폰이 일상화되어 독서에 투자하던 시간과 노력이 대폭 감소한 것이 주요하겠고요.

사실, 스마트폰만 있으면 알고 싶은 걸 쉽게 검색해 찾거나 확인해볼 수 있고, 또 요즘은 유튜브 동영상으로 유용한 지식을 강의해주시는 분들도 많으니, 스마트폰이 책을 대체하게 된 건 시대의 흐름이라고 봐야겠지요. 저 또한 스마트폰의 영향 때문에 책 읽기에 소홀해졌음을 느낍니다. 그렇다고 스마트폰이 책을 읽는 재미와 책에서 얻을 수 있는 지식을 완전히 대체할 수는 없잖아요.

더구나 책을 읽는 아름다운 모습은 무엇으로 대체하겠으며, 책을 읽으면서 느낄 수 있는 행복은 또 무엇과 바꿀 수 있겠습니까?

### 정신을 집중시키는 글쓰기

글을 쓰는 일도 정신을 집중시키는 데 도움이 되는 정신건강 활동입니다. "말을 하면 생각이 흐트러지지만, 글을 쓰면 생각이 모인다"는 격언도 있잖아요.

사실 글을 쓰기가 쉽지는 않겠지만, 그날그날 기뻤던 일 한 가지, 감사했던 일 한 가지라도 일기에 써보는 습관을 가져보세요. 일기를 쓰는 건 계속 글을 쓰는 작업이기에 다양한 각도로 생각을 하고 또 가다듬을 수 있게 해줍니다. 그러면 정신을 건강하게 하면서 살아갈 수 있지요.

"일기를 계속해서 3년간 쓴 사람은 무언가를 할 수 있는 사람이고, 10년간 계속 쓴 사람은 무언가를 이루어놓은 사람이다"라는 말이 생각나네요. 기뻤던 일을 기록하면서 기뻤던 느낌을 한 번 더 누릴 수 있으며, 감사할 일을 기록하면서 감사하는 습관도 키울 수 있으니까요. 즉, 일기를 쓰면서 지난날의 즐겁거나 기뻤던 일들을 떠올리고, 그런 걸 하나씩 글로 써 '추억 목록'도 만들어보면서 행복한 시간을 늘려나갈 수 있지요.

## 삶이 즐거운 문화생활

문화와 관련된 대부분의 취미 활동은 곧 정신건강 활동이기도 합니다. 음악·연극·영화·무용 등과 같은 예술 공연 관람이 그렇고, 각종 전시회에서 훌륭한 작품을 감상하는 일도 그렇습니다. 즉, 흔히 말하는 '문화생활'은 모두 정신건강 활동의 일환인 거지요. 그러니 다양한 문화생활을 한다면 삶의 여유를 찾고 행복을 많이 느낄 수 있습니다.

저는 평생 그림 그리기와는 등을 지고 살아왔기에 은퇴 후에 큰맘 먹고 그림을 그려보려고 도전했습니다. 역시 감당이 안 되어 실패했지만, 그 와중에 미술사에 흥미가 생겨서 본격적으로 공부하기로 했습니다. 학창 시절에도 미술 실기 점수는 극히 낮았지만 이론 시험 점수는 아주 잘 나와서 그걸로 미술 점수를 벌충했으니까요. 그래서 아내와 함께 대학의 평생교육원에서 서양미술사를 수강했습니다. 그 뒤에는 미술 작품 감상에 취미를 붙였고요.

국립현대미술관을 비롯한 각종 미술관에서는 국내외 화가들의 작품전시회가 늘 열리고 있습니다. 그런 미술전시회를 찾는 일도 큰 행복 중 하나가 되더군요. 미술 작품에 대해 아는 게 없어도 해설사의 설명을 들으면 재미있게 감상할 수 있습니다. 전시회를 다녀오면 한동안 아내와 작품에 대해 대화시간을 가질 수 있으니 또 행복하지요.

전시장을 다 돌고 나오면 전시회와 관련되는 상품을 파는 곳이 거의 늘 있더군요. 그런 곳에서 꼭 구입하는 물건이 하나 있습니다. 바로 머그잔입니다. 저는 전시 작품 중 대표 작품을 인쇄한 머그잔을 마치 전리품처럼 하나씩 사서 모으고 있지요. 어느 때는 고흐 작품의 잔으로 커피를 마시고, 또 어느 때는 에바 알머슨의 잔으로, 그리고 또 어느 때는 루벤스 딸의 잔으로 차를 마십니다. 전시회의 작품을 대할 때 느끼던 감정이 그대로 살아나는 듯해 너무 좋고 행복해지더군요.

산업전람회에 가보고 싶다면 삼성동에 있는 코엑스나 일산에 있는 킨텍스를 추천드립니다. 이 두 곳에서는 각종 전람회가 끊이지 않고 열리거든요. 산업전람회에서는 그 전람회에서 다루는 산업의 미래를 볼 수 있습니다. 미래를 미리 알 수 있다면 다른 사람들보다 앞서 갈 수 있지요. 미래를 예측하기 위한 지식도 얻고, 새로운 영감도 얻고, 결과적으로 큰 행복까지 얻게 됩니다.

**행복지수를 높여주는 종교생활**

대체적으로 종교생활을 하는 사람은 하지 않는 사람보다 행복지수가 높다고 합니다. 종교가 올바르게 살아가도록 가르치고, 그런 배움으로 의식지수를 높일 수 있으며, 기도나 명상으로 정신적 힘을 강화시킬 수도 있기 때문입니다.

종교생활의 장점은 이뿐만이 아닙니다. 예를 들면, 이해관계가 얽히지 않은 많은 사람과 만나 부담 없이 좋은 인간관계를 만들 수 있지요. 지난 주일을 되돌아보면서 다음 주일을 준비할 수도 있습니다. 신의 존재를 믿는다면 신에게 의지해 평안과 행복을 얻을 수 있겠죠. 즉, 정신건강을 위한 활동인 셈이죠.

그러니 건전한 정신건강 활동인 종교생활을 하는 편이 바람직합니다. 정신건강 활동을 많이 할수록 의식지수가 높아지고, 이에 비례해 행복지수도 높아지니까요.

# 건강한 육체에 건강한 정신이 깃든답니다

자신에게 충실하기 위한 방법 중에서 가장 중요한 일은 육체건강을 위한 활동입니다. 사실, 앞에서 이야기한 모든 활동도 건강을 잃으면 아무런 의미가 없어지지 않겠습니까. 그러니 건강을 위한 일은 아무리 강조해도 지나치지 않습니다.

육체건강을 위해서는 다음과 같은 다섯 가지를 골고루 잘해야 합니다. 음식을 섭취하는 섭생, 몸을 움직이는 운동, 걷거나 앉을 때의 자세, 건강을 유익하게 하는 위생, 그리고 정기적인 의학 검진 등입니다.

### 무엇을 먹을까, 섭생(攝生)

섭생, 즉 먹는 일은 육체건강에 필수 요소입니다. 먹지 않으면 살 수 없잖아요. 제대로 된 식사를 못하면 건강을 해칠 수도 있고요.

일단 골고루 잘 먹는 일이 섭생에서 제일 중요하니까 절대로 편식하지 마세요. 편식은 다양한 병의 원인이 되니까요. 입에 맞는다고 육류나 해산물 등 한쪽에 치우치는 편식을 하면 특정 영양소가 과하거나 부족해져 내과적 병이 생길 수 있습니다. 그래서 저는 음식을 가리지 않고 잘 먹고, 또 잘 먹으려고 합니다.

그런데 이런 저도 못 먹는 음식이 세 가지 있습니다. 보신탕 같은 건 아니고요, 제가 못 먹는 첫 번째 음식은 '없는 음식'입니다. 없으니 먹을 수 없죠. 두 번째 음식은 있기는 있는데 '주지 않는 음식'입니다. 주지 않으니 못 먹을 수 밖에요. 마지막 음식은 '위생적으로 문제가 있는 음식'입니다. 그래서 어느 분이 저더러 '선교사 체질'이라고 하시더군요. 타국의 오지에서 선교사 활동을 하려면 어떤 음식이라도 먹을 수 있어야 한다면서요.

그분 말씀대로 저는 해외여행을 즐기는 사람도 곤혹스러워하는 현지 음식도 잘 먹습니다. 인도의 오지에 갔다가 현지인의 집에 초대를 받아 그들 방식대로 음식을 먹은 적이 있습니다. 낱알이 길쭉한 쌀로 만든 풀기 없는 밥, 녹두로 만든 듯한데 향이 좀 역한 국물, 그리고 우리가 먹는 것보다 향이 아주 짙은 카레, 작지만 매운 풋고추 한 개, 작은 생양파 반쪽, 이게 한 끼 음식의 전부였습니다. 하지만 저는 그들처럼 오른손으로 조물조물 뭉쳐가며 먹었습니다. 음식의 맛이 좋았다고 할 수는 없었지만 거리낌 없이 먹었죠.

식탐을 부려 많이 먹는 과식도 문제입니다. 편식은 의식하지 못하는 사이에 내과적 병을 서서히 일으키지만, 과식은 좋지 않은 증상을 급격하게 일으킵니다. 결국 가리지 않고 잘 먹는 것과, 지나치게 많이 먹지 않는 게 올바른 섭생입니다.

저도 젊었을 때는 배탈이 자주 나곤 했는데, 중년 이후로 그런 증상이 현저히 줄었습니다. 왜 그럴까 곰곰 생각했는데, 젊은이들의 기호를 관찰하면서 그 원인을 짐작하게 되었습니다. 젊은이들이 찬 음식을 너무 많이 먹더군요. 커피를 비롯한 모든 음료에 얼음을 넣어 먹고, 빙수며 아이스크림 같은 것들을 늘 입에 달고 살더라고요.

젊었을 때의 저를 비롯해 많은 젊은이들이 찬 음식 때문에 잔배탈이 많은 것 같습니다. 몸을 차게 하면 면역력도 약화되고요. 그러니 가급적 찬 음식을 피해야 합니다. 다들 아시겠지만, 입에 좋은 게 몸에도 좋은 건 아니잖아요.

사람들과 어울릴 때면 반가워서 한 잔, 즐거워서 한 잔, 또는 슬픔을 이기려 한 잔 합니다. 술을 말이지요. 이 또한 다들 아시다시피, 적당한 술은 사랑의 묘약이자, 인간관계를 더 할 수 없이 부드럽게 하는 윤활제가 되지요. 하지만 과음은 반드시 피해야 합니다. 과음은 좋을 게 하나도 없으니까요. 과음은 건강을 해치는 지름길이요, 치명적 실수를 일으키는 촉진제가 될 뿐입니다.


### 어떻게 움직일까, 운동(運動)

땀 흘리며 운동을 하고 난 이후의 나른함 속에서 행복에 취해본 적이 있습니다. 땀 흘려 운동을 하고 나면 육체건강은 물론 정신건강도 함께 증진됩니다. 만족과 행복을 느끼게 하는 신경전달물질이 분비되기 때문이라는군요.

아울러 운동 중에는 몰입을, 즉 행복을 체험하게 됩니다. 그래서 땀 흘려 운동하는 사람은 우울증에 빠지지 않습니다. 꾸준하고 규칙적인 운동으로 육체건강과 정신건강을 함께 증진하십시오.

저는 매일 아침 아내와 함께 맨손체조를 하면서 하루를 시작합니다. 맨손체조를 시작한 지는 30년이 넘었고, 꾸준히 계속한 지도 10여 년이 훨씬 지났습니다. 학교에서 배운 국민체조에 제가 만든 몇 가지를 섞어 각각을 4세트씩 합니다. 4세트를 모두 다 하는데 12~13분 정도 걸립니다. 아침에 삶은 달걀이 먹고 싶을 때는 체조를 시작하면서 달걀을 삶기 시작하여, 체조가 끝났을 때 건져내면 딱 알맞은 반숙이 되어있더군요.

맨손체조는 나이가 들어갈수록 좋은 운동입니다. 젊었을 때는 '그까짓 맨손체조가 무슨 운동이 되지?'라고 생각했었는데, 웬걸요? 요즘 맨손체조가 끝나면 숨이 찹니다. 어쩌다 피곤해 늦잠을 자느라 맨손체조를 하지 못하면 오전 내내 몸이 찌뿌듯하고요.

몇 년 전에 친구들과 부부동반으로 북한산 둘레길을 걸었습니다. 다들 아시다시피, 북한산과 도봉산 둘레를 걸을 수 있게 조성한 길이죠. 서울 우이동에서 시작해 정릉 · 평창동 · 불광동 · 구파발 · 송추 · 의정부 · 도봉동 · 방학동을 돌아 다시 우이동으로 이어지는 71.5킬로미터, 21개 구간의 길입니다.

저희가 북한산 둘레길을 돌고 얼마 뒤에 서울 둘레길이 완성되었습니다. 그래서 서울 둘레길도 걷기로 했습니다. 서울 둘레길은 157킬로미터, 8개 코스, 28개 구간으로 되어있어 체력에 맞춰 걸을 수 있더군요. 도봉산역에서 시작해 시계 방향으로 수락산·불암산·용마산·아차산 그리고 고덕의 일자산과 강남의 대모산·구룡산·우면산·관악산·안양천 그리고 은평의 봉산과 앵봉산·구파발·평창동·정릉·우이동에서 도봉동까지 돌아나가는 길입니다.

처음에는 아내는 안 가고 저만 나가 친구들과 함께 걸었습니다. 잘 걷고 있었는데 고덕의 일자산 코스에 들어선 뒤부터 양쪽 고관절 부근의 근육이 아파 오기 시작해서 일찍 그만두었습니다. 왜 갑자기 아프기 시작했는지 그때는 몰랐지요. 나중에 곰곰 생각해보니 그때까지 산행을 여기저기 다닌 탓에 피로가 누적되었던 것 같더라고요. 너무 지나쳐서 모자람만 못했던 거지요.

6개월이나 쉰 뒤 이번에는 아내와 함께 서울 둘레길을 걸었습니다. 반 바퀴쯤 걸었는데 이번에는 아내가 계단에 걸려 넘어졌습니다. 골절되었더라고요. 119 신세를 지며 병원으로 갔고, 아내는 종아리뼈 골절로 3개월간 휠체어를 탔습니다. 다행히 회복 후에 차근차근 준비하고 다시 걸었지요. 그리하여 이듬해에는 서울 둘레길을 완주했습니다.

둘레길을 걸으며 두 가지를 몸으로 깨달았습니다. 하나는 무리하면 오히려 건강을 해칠 수 있다는 점입니다. 그러니 체력의 한계를 넘어서는 운동을 해서는 안 됩니다. 또 하나는 운동할 때는 사소한 부주의가 큰 화를 불러올 수 있다는 점입니다. 그러니 운동할 때는 절대 무리하지 말고 정신을 집중해야 합니다.

둘레길 걷기처럼 굳이 돈을 들이지 않아도 마음만 먹으면 할 수 있는 좋은 운동도 얼마든지 있습니다. 매일 아침 맨손체조로 아침을 열어도 좋고, 가까운 산을 오르거나, 집 주위 개천가에 조성된 길을 걸어도 좋지요. 요즘에는 각종 둘레길이 많이 생겼으니, 둘레길 걷기를 계획해도 좋겠습니다. 수도권에만 해도 서울 둘레길, 북한산 둘레길, 관악산 둘레길, 한강 물소리길, 강화 나들길 등 많으니까요. 그러니 자기가 사는 지역의 둘레길을 인터넷 포털사이트에서 검색해보세요. 아, 검색하면 다 나오는 시대 아닙니까.

더군다나 저는 북한산 둘레길과 서울 둘레길을 걸으면서 계절의 변화와 함께할 수 있었고, 북한산과 서울의 아름다움도 새삼 다시 느껴볼 수 있었습니다. 건강은 물론 함께 갔던 사람들과의 관계도 좋아지는 등 좋은 게 참으로 많았어요.

운동은 식사와 같습니다. 시간이 없다고 식사를 거르지는 않듯이, 시간이 없거나 귀찮다고 운동을 거르는 일이 없도록 해야 합니다. 건강을 위해서라도 어떤 운동이든 꾸준히 하세요. 육체건강이 좋아짐은 물론이고, 덩달아 얻게 되는 행복도 많습니다.

### 어떤 모습인가, 자세(姿勢)

길을 걸어갈 때 앞에서 걷고 있는 사람을 유심히 살펴보세요. 아마도 '어쩐지 이상하게' 걷는 사람이 많을 겁니다. 특히 연세가 지긋한 분들은 그런 경우가 더욱 심합니다. 걷는 자세나 앉아있는 자세가 '이상한' 분들은 틀림없이 근골격계에 이상이 있어요. 예를 들면, 목이나 무릎이 아프다든가, 어깨나 허리에 통증이 있다든가 하는 식이죠. 게다가 구부정한 모습도 보기 좋지는 않잖아요.

잘못된 섭생이 내과적 병의 원인이 되듯이, 잘못된 몸가짐(자세)은 정형외과적 병의 원인이 됩니다. 특히 나이가 들수록 근골격계에 각종 문제가 발생하죠. 수십 년간 육체를 사용하면서 잘못된 자세에 따른 부작용이 쌓여 사달이 나는 겁니다. 그러니 젊어서부터 바른 자세를 취하며 살아야 합니다. 그러면 나이가 들어서도 근골격계 문제를 비교적 덜 겪을 수 있죠.

저에게서 멘토링을 받던 학생이 생각나네요. 건강하고 인성도 아주 바른 훌륭한 학생이었는데, 어깨를 앞으로 약간 움츠려 구부정한 모습을 하고 있었습니다. 안타까웠지만 그런 걸 지적하면 혹 근심할까봐서 뭐라 말할 수가 없더군요. 그러다 육체건강, 특히 자세에 대해 이야기하면서 넌지시 어깨의 자세에 대해 이야기했더니 바로 알아차리더라고요. 그 학생은 나름대로 다소곳하게 보여야겠다고 생각해 그런 자세를 취해왔었다고 하더군요.

요즘 전철을 타보면 거의 대부분의 사람들이 고개를 숙이고서 스마트폰을 봅니다. 심한 경우에는 걸어가면서도 구부정한 자세로 스마트폰을 들여다보더군요. 앞으로가 매우 걱정됩니다. 그런 사람들은 조만간 거북목을 해서 보기도 흉한 데다, 경추에 이상도 생길 테니까요. 부디 목의 자세를 바르게 하는데 특별히 신경을 쓰세요.

정 와닿지 않으신다면, 패션쇼를 하는 모델이 걷는 모습을 떠올려보셨으면 합니다. 곧은 자세로 앞을 바로 보며 걷는 모습 말이죠. 모델들은 그런 걷기 자세를 6개월 이상이나 연습한다고 합니다. 모델들처럼 자세에 신경을 써서 몸을 바로잡아두면 나이 들어서 근골격계에 통증이 생기는 시점을 늦추거나, 통증이 생기더라도 약화시킬 수 있습니다. 무엇보다도 몸의 자세가 바르고 흐트러지지 않아 훨씬 더 멋있고 아름다워 보이죠.

### 위생(衛生)과 검진(檢診)

건강에 유익하도록 관련 조건을 갖추거나 대책을 세우는 일이 위생입니다. 몸을 깨끗하게 하는 일이 대표적인 위생 활동이겠죠. 위생에 철저하지 않으면 외부로부터의 감염으로 건강이 큰 손상을 입을 수 있잖아요. 코로나-19 사태로 건강을 지키기 위한 가장 기본적인 활동인 개인위생이 얼마나 중요한지를 국민 모두가 깨우치기도 했고요.

요즘 건강보험공단에서는 건강보험에 가입한 국민 모두가 정기 검진을 받을 수 있도록 해주고 있습니다. 참으로 좋은 복지정책이죠. 그러니 이 정책을 잘 활용하여 사전 검진 받기를 소홀히 하지 않아야 합니다. 일반 내과 검진은 물론이고, 치과나 안과 검진도 미용실이나 이발소를 다니듯 정기적으로 받아야 합니다.

올바른 섭생을 하면서 꾸준히 운동하고 바른 자세를 취하는 건 말할 것도 없고, 철저한 위생과 정기 검진을 챙겨 건강한 육체를 유지해야 합니다. 그렇게 해야만 자신에게 충실하기 위한 모든 활동이 빛을 발해 행복을 지속시킬 수 있으니까요.

# 제2행복설계 - 자신에게 충실하기

　지금까지 자신에게 충실하기 위해 꼭 필요한 활동을 검토해보았습니다. 중요한 점은 구체적인 목표를 정하고, 이를 행동으로 옮겨야 하는 겁니다.

　자신에게 충실하기 위한 하루 일과의 목표를 숫자로 재미있게 표현한 이야기를 소개하겠습니다. 이미 아시는 분들도 계실듯한 이야기인데, '1 · 10 · 100 · 1,000 · 10,000'이라는 것이지요. 1은 좋은 일을 하루 한 가지 이상 하고, 10은 하루 열 번 이상 웃고, 100은 하루에 100글자 이상 쓰고, 1,000은 하루에 1,000자(200자 원고지 예닐곱 장 분량) 이상 읽고, 10,000은 하루에 1만 보 이상 걸으라는 의미죠. 어때요? 자신에게 충실하기 위한 방법과 목표를 재미있게 함축했다는 생각이 안 드십니까?

자신에게 충실하기 위한 설계는 120페이지의 표 〈제2행복설계－자신에게 충실하기〉 같이 하면 됩니다.

　'활동 구분'의 대분류와 중분류는 예시처럼 사용해도 되고, 다시 구분해도 괜찮습니다. '활동 방법과 다짐'에는 하고 싶은 활동의 내용과 방법을 기록하면 됩니다. '자기 사랑'은 선언적 다짐이 되겠고, 다른 항목에서는 실천 방법을 계획할 수 있습니다. '활동 목표'에서는 하려는 일의 목표를 기록하면 됩니다. 예를 들면, 책 읽기라면 '한 달에 2권'처럼 달성 목표를 기록하는 거지요.

　목표를 정하기 어려운 항목도 있습니다. 그럴 때는 어떻게 하겠다는 각오를 다지는 선언을 하면 됩니다. '자신에게 충실하기' 위한 원칙을 정하고 꾸준히 실천한다면, 지속적으로 행복한 삶을 구가할 수 있으니까요.

　행복하게 살다 보면 절로 훌륭한 삶을 이루게 됩니다.

## 제2행복설계–자신에게 충실하기

| 활동 구분 | | 활동 방법과 다짐 | 활동 목표 |
|---|---|---|---|
| 대분류 | 중분류 | | |
| 자기 사랑 | 나의 정체성 | | |
| | 삶의 원칙 | | |
| | 자신감 가지기 | | |
| | 꿈 확인하기 | | |
| 기쁨 음미 | 추억 되새기기 | | |
| | 올해의 10대 뉴스 | | |
| | 기쁨일기 | | |
| 웃기 | 웃음 스티커 | | |
| | 웃는 얼굴 만들기 | | |
| | 웃음 즐기기 | | |
| 취미 활동 | 취미–1 | | |
| | 취미–2 | | |
| | 취미–n | | |
| | 배우자와 함께 | | |
| 정신 건강 활동 | 사회 활동(모임) | | |
| | 평생학습 활동 | | |
| | 독서 활동 | | |
| | 글쓰기 활동 | | |
| | 전시회 참관 활동 | | |
| | 전람회 참관 활동 | | |
| | 문화생활 | | |
| 육체 건강 활동 | 섭생 | | |
| | 운동 운동–1 | | |
| | 운동–2 | | |
| | 운동–n | | |
| | 자세 | | |
| | 위생 | | |
| | 검진 | | |

행복이야기 세 번째

# 좋은 인간관계 만들기

"나는 사람이 참 좋아"라고 말하는 사람이 있습니다. 주변 사람들과 늘 좋은 관계를 만드는 사람이죠. 이런 사람들은 우선 사람을 기억하는데 탁월한 재능이 있습니다.

제가 그런 사람과 함께 어느 거리를 지나던 중이었습니다. "잠깐 있어봐요" 하더니 뒤돌아 반대편으로 걷던 어떤 여인에게 다가가 이야기를 나누더군요. 제 아내 이야기입니다. 멀리서 봐도 그 여인은 제 아내를 못 알아보는 듯했는데, 조금 있다가 기억난 듯 반갑게 손을 잡으며 인사를 하더군요. 돌아와서는 "전에 화곡동 살 때, 앞집에 세 들어 살던 여자에요. 오래 살지는 않았어. 한 6개월 쯤?"이라고 하는 겁니다. 그때가 언제였냐고 물었더니, 10여 년 전이라고 하더군요.

또 어느 날에는 부엌일을 하다 잠깐 텔레비전을 보더니 갑자기 "저기 나온 저분, 우리 선생님 같은데?"라고 했습니다. 그때 화면은 바로 바뀌었고, 이어 그 프로그램도 끝이 났습니다. 아내는 틀림없이 선생님이라며 "어떻게 알아볼 수 없을까?"라며 안타까워하더군요. 인터넷에서 검색했더니 그 프로그램은 치매 노인 다섯 분을 섭

외하여, 그분들이 음식을 주문 받고 날라주는 일을 하면서 벌어지는 사건을 보여주는 프로그램이었습니다. 프로그램 자체의 내용도 재미있었고, 치매에 대해 긍정적으로 다시 생각해보게끔 하더군요. 때로는 감동적이기도 했고요.

그러나 아내는 프로그램의 내용보다도 그곳에 출연한 한 노인에 관심이 더 많았습니다. 분명히 중학생 때의 선생님이라고 하면서요. 아내의 사람 기억력이 뛰어난 건 잘 알고 있었지만, 60여 년 전 잠깐 수업하신 선생님을 기억한다는 사실에 감탄했죠. 그 이후 중학교 동창과 연락해 그 선생님을 찾아뵙겠다고 했지만, 안타깝게도 그분의 건강이 악화되어 찾아뵙지는 못했습니다. 어떻든 그 일로 아내가 크게 돋보였고, 그런 아내와 함께할 수 있다는 사실에 행복했습니다.

그리고 저는 아내가 평생 누구와 다투는 걸 보지 못했습니다. 좋은 인간관계를 만들 수 있는 방법에 대해 연구하면서 가장 먼저 떠오른 사람도 당연히 아내였고요. 조금 과장하면 아내의 이야기만 쓰더라도 좋은 인간관계 만들기에 대한 이야기는 끝을 낼 수 있을 것 같습니다.

# 인생을 뒤바꾼 그 남자의 친절

사람과의 관계는 만남으로 시작합니다. 그래서 누군가를 만났을 때 제일 먼저 하는 일인 인사는 인간관계의 시작점이지요. 좋은 인간관계를 만드는 사람은 누구를 만나든 먼저 인사를 합니다.

### 인사하기

반면에 어떤 사람은 인사는 고사하고 외면하는 경우도 있습니다. 엘리베이터 안에서 그런 사람을 만나면 먼저 인사하기도 민망하지요. 그래도 인사를 건네면 건성으로 "아, 네, 네" 하는 대답이 돌아옵니다. 더 이상 이야기를 나누고 싶어지지 않게 하는 거지요. 이런 사람은 인간관계의 시작점부터 매끄럽지 않더군요.

인사는 친절의 대표적 행위입니다. 그리고 친절한 마음을 가져야 인사를 잘할 수 있지요. 그러니 어릴 때부터 공손하게 먼저 인사하는 습관을 들여야 합니다.

친절은 내 작은 희생으로 다른 사람을 배려하는 일이며, 나를 낮추는 일이기도 합니다. 또한 친절은 자신의 시간이나 편안함 또는 육체적인 힘을 남에게 너그럽게 베푸는 행위입니다. 밝고 환한 얼굴로 맞이하거나, 자리를 양보하거나, 힘이 모자라는 사람을 거들어주거나, 부드러운 말로 알려주거나 하는 것 모두가 친절의 사례들입니다.

친절을 받은 사람은 '도움과 배려를 받았기에' 감사하는 마음이 들어 행복합니다. 친절을 베푼 사람은 자신을 희생해 남에게 베풀었다는 마음이 들어 행복하고요. 아울러 친절을 베푼 사람은 "아! 나도 남을 위해 무언가 했구나!" 같은 긍정적인 마음이 들어 더 행복해지고요. 한걸음 더 나아가 친절은 삶의 의미를 되새겨보게 함으로써 자신감을 강화시킵니다.

친절을 베풀면 인간관계를 돈독하게 만들기도 쉽습니다. 친절한 사람을 싫어하는 사람은 아무도 없으니까요.

### 조지 볼트의 친절

미국의 오대호와 연결되어 대서양으로 흐르는 세인트로렌스라는 강에는, 1,800여 개의 자그마한 섬들이 모여있는 곳이 있습니다. 바다도 아닌 강에 자그마한 섬들이 옹기종기 모여있어 참 아름답지요. 그 섬들 중 대부분에는 미국이나 캐나다 부호들의 화려한 별장들이 그 일대를 장식하듯이 지어져있습니다. 그러한 섬들 중에 '볼트 성(城)'이라 불리는 멋진 건물이 세워진 섬이 있습니다.

볼트 성은 미국의 조지 볼트라는 사람이 아내에게 지어주려던 별장인데, 안타깝게도 완성 직전에 볼트 부인이 세상을 떠났다더군요. 그러자 볼트 씨는 실의에 빠져 공사를 중단해버렸고요. 다행히 그 이후에 그 지역 당국이 인수한 뒤 완공했으며, 지금은 관광지로 쓰인다고 합니다.

사실 볼트 씨는 처음부터 부자가 아니었습니다. 그는 젊은 시절에 작은 호텔의 직원이었어요. 어느 비바람이 세차던 날 늦은 저녁에 예약도 없이 노부부가 찾아들었는데, 너무 늦은 데다 마침 호텔의 방도 다 찬 상태였습니다. 그런데 볼트 씨는 그 노부부에게 자신의 방을 잠자리로 내어주는 친절을 베풉니다.

그로부터 몇 년 뒤 볼트 씨는 그 노부부의 초청을 받아 뉴욕으로 갔습니다. 노부부는 그동안 자기들의 이름을 따서 설립한 월도프 아스토리아 호텔의 총지배인 자리를 볼트 씨에게 맡깁니다. 볼트 씨는 그 호텔을 세계적 호텔로 키우면서 호텔계의 거인이 됩니다.

볼트 씨는 남들 눈에는 대수롭지 않아 보이는 단 한 번의 친절한 행동 덕분에 인생을 바꿀 기회를 잡은 거지요.

### 무재칠시(無財七施)

매일 한 번 이상 친절을 베푼다면 매일 한 번 이상 행복해질 수 있습니다. 예를 들면, 자신도 볼트 씨처럼 친절을 베풀었던 일에 대한 이야기를 가족들에게 해주거나 일기장에 기록하면서 그 기쁨을 되새김질하면 같은 일로 두 번의 행복을 느끼게 되지요. 행복한 시간을 더 많이 가지게 되는 셈이고요.

친절을 받은 사람도 친절을 베푼 사람에게 고마움을 갖게 되고, 때로는 감동을, 때로는 공경하는 마음까지 느끼게 됩니다. 그래서 그 사람도 다른 사람에게 친절을 베풀어야겠다는 결심을 하게 된다죠. 그래서 친절한 행동은 아주 쉽게 좋은 인간관계를 만들 수 있는 방법입니다.

불교의 『잡보장경(雜寶藏經)』에는 다른 사람들에게 돈 들이지 않으면서 베풀 수 있는 일곱 가지 친절 방법인 '무재칠시(無財七施)'가 나옵니다.

- 화안시(和顏施) 환하게 웃음을 띠우고 사람을 맞이하는 친절
- 심려시(心慮施) 다른 사람의 마음을 살펴 공감하고 함께 나누는 친절
- 자안시(慈眼施) 자비롭고 사랑스런 눈빛으로 쳐다보는 친절
- 언사시(言辭施) 부드러운 말, 좋은 말을 골라서 사용하는 친절
- 상좌시(床座施) 좋은 자리, 편안한 자리를 다른 사람에게 양보하는 친절
- 사신시(捨身施) 자신의 몸으로 남을 도와주는 친절
- 방사시(房舍施) 잠잘 곳 없는 사람에게 잠자리를 내어주는 친절

이러한 가르침들에 보충을 하자면 이렇습니다.

일단 환하게 웃는 얼굴로 사람을 대해야 합니다. 환하게 웃음을 머금은 얼굴을 한 사람과는 처음 만나더라도 쉽게 친해질 수 있지만, 찌푸린 얼굴을 하는 사람은 여러 번 만나도 정이 가지 않잖아

요. 이것이 화안시입니다.

다른 사람이 처한 상황을 이해해주고 공감하는 마음을 가져야 합니다. 기뻐하는 사람에게는 함께 기뻐해주고, 슬퍼하는 사람에게는 함께 슬퍼해주는 마음을 가져야 합니다. 기쁨을 나누면 두 배로 기뻐지고, 슬픔을 나누면 반으로 준다고 하잖아요. 그러니 상대방에게 공감해주는 마음 씀씀이가 필요하지요. 이것이 심려시입니다.

사람을 만날 때 사랑스럽고 자비로운 눈빛으로 쳐다봐야 합니다. 날카롭거나 마땅하지 않아 하는 눈빛으로는 좋은 관계를 맺기 어렵죠. 사랑스럽고 자비로운 눈매는 환한 얼굴과 같은 맥락을 가지죠. 이것이 자안시입니다.

다른 사람에게 좋은 말과 부드러운 말을 해야 합니다. 부드럽게 말하는 행동이 친절 아니겠습니까. 그러니 예의 바르고 존중하는 말을 해야 합니다. 상스러운 말이나 비하하는 말, 비난하거나 증오하는 말은 사용하지 않아야 합니다. 듣기 좋은 말을 하면 듣는 사람도 행복하고, 말하는 사람도 행복해집니다. 이것이 언사시입니다.

노약자에게 자리를 양보하듯이 편안하고 좋은 자리를 남에게 양보하는 행동이 친절입니다. 어른이 먼저 그렇게 하는 모범을 자녀에게 보이는 식으로 그러한 친절을 베푸는 걸 가르쳐야 합니다. 그런 친절을 베풀면 몸은 조금 피곤해지더라도 마음은 행복으로 가득 차게 된다고 알려줘야 합니다. 이것이 상좌시입니다.

"이고 진 저 늙은이 짐 벗어 나를 주오.

나는 젊었거니 돌인들 무거우랴.

늙기도 설워라커늘 짐을 조차 지실까?"

유명한 조선의 대문호 송강 정철의 시조입니다. 자기 몸을 희생해 힘들어 하는 노인을 도와주는 친절한 행동을 하라고 가르치고 있지요. 힘들어 하는 분을 부축해준다거나, 무거운 짐을 들고서 계단을 오르는 사람을 도와주는 일이 사신시입니다.

2001년 1월 일본 도쿄에서 한국인 유학생 이수현 씨(당시 26세)가 지하철 선로에 떨어진 취객을 구하려고 뛰어들었다가 함께 사망한 사건이 있었습니다. 이런 행동을 살신성인(殺身成仁)이라 하면서 높이 추앙하지 않습니까. 자신의 고귀한 목숨마저 내놓아 다른 사람을 도왔으니까요. 이는 아무나 하는 게 아닙니다. 그렇기 때문에 사신시의 가장 훌륭한 사례고요.

옛날에는 "지나가는 과객입니다. 하룻밤 묵어 갈 수 있겠습니까?"라며 문을 두드리면 대부분 잠자리와 음식을 내어주며 대접했습니다. 우리는 그렇게 친절하던 민족이었습니다. 요즘 사회에서는 있을 수 없지요. 그렇더라도 먼 지방에서 올라온 친구가 하룻밤 묵을 숙소를 찾을 때 내 집으로 데려 가는 일은 지금도 왕왕 있지요. 그리고 위에서 예로 든 볼트 씨처럼 자기 잠자리를 내어주는 경우가 방사시의 가장 훌륭한 사례고요.

그러니 작은 노력으로 다른 사람을 행복하게 해줄 수 있는 친절을 몸에 익혀야 합니다. 그게 일종의 종잣돈이 되어 큰 행복이 만들어지거든요. 친절은 타인들에게 너그럽게 베푸는 일이며, 좋은 인간관계를 시작하는 첫 번째 행동입니다.

# 사랑은 어떻게 다가오는가?

　남녀 사이에 아름다운 사랑이 싹트는 과정이나 참된 우정이 만들어지는 과정을 분석해본 일이 있습니다. 사랑과 같은 숭고한 감정의 과정을 분석하는 일이 가능할까 싶겠지만, 제 옛 추억을 더듬으며 그 과정을 깊이 생각해보았다는 뜻이지요.

　저는 평생 소프트웨어를 만드느라 업무 시스템을 분석해왔던 사람입니다. 그래서인지 사랑의 과정과 같은 일도 지나치지 않고 분석해보는 습성을 갖고 있습니다. 제 젊은 시절을 더듬어보면 사랑은 관심 · 경청 · 이해 · 배려 · 양보라는 다섯 가지 변수의 순서대로 진행되었던 것 같습니다. 이러한 사랑의 과정은 비단 남녀 간의 사랑은 물론 어떤 경우의 사랑에라도 적용된다고 봅니다.

## 관심

처음 만난 사람이 마음에 들면 그에게 관심을 가지게 됩니다. 이런저런 궁금한 사항을 물어보기도 하고, 조용히 관찰하기도 합니다. 심지어 수소문을 해서라도 알아내는 경우도 있고요.

누군가에게 관심을 가지는 일도 그리 쉬운 건 아닙니다. 만나는 사람 모두에게 관심을 가지지는 않는 걸 보세요. 관심이 있다는 것은 우선 마음속에 그 사람이 들어있다는 의미니까요.

관심이 생기면 그 사람의 행동을 잘 살펴보고, 그 사람이 하는 말을 잘 들으려고 애를 씁니다. 그 정도만 되어도 상대방이 곧 눈치를 채게 됩니다. "저 사람, 내게 관심 있나 봐!" 하는 식이죠. 그러니 처음 만나 명함을 주고받았을 때 그냥 지나칠 일이 아니라, '만나서 반가웠습니다'라며 만남을 상기시키는 이메일이나 문자라도 보내준다면 훨씬 빨리 좋은 관계를 만들 수 있습니다. 관심을 보이는 일이니까요.

누구나 사회 활동의 일환으로 작은 모임에라도 참여하잖아요. 때로는 모임에서 총무 일을 맡는 경우도 있고요. 저도 총무를 맡고 있는 모임이 있습니다. 그래서 무언가 재미있는 일을 주최하기 위해 회원들의 생일을 스마트폰에 입력해두었습니다. 그 후 처음 생일을 맞은 회원이 있었죠. 마침 모임 날짜가 그의 생일 전날이었기에 회비로 케이크를 사둔 뒤 모두 있는 자리에서 생일을 축하해주었습니다. 그 회원은 매우 기뻐하며 적지 않은 금액을 모임에 기부하더군요.

그 이후에도 생일을 맞은 회원에게 전화를 해주기도 하고, 그러한 소식을 카카오톡의 단체 채팅방을 통해 모두에게 알려주어 다른 회원들도 우르르 생일 축하를 해주도록 안내하고 있습니다. 어느 회원은 난생 처음으로 격한 생일축하를 받았다며 크게 즐거워하더군요. 이렇듯 친한 친구의 생일을 기억해주는 일도 깊은 관심을 표하는 방법입니다.

이와 비슷한 이야기를 하나 더 하자면, 몇 년 전 친한 친구가 칠순을 맞았습니다. 그런데 그 친구가 칠순이 되는 해인 줄은 알았으나 생일이 언제인지는 몰랐어요. 그래서 아주 조용히 그 친구의 생일을 알아낸 뒤 칠순 생일 즈음에 그 친구 부부를 초대해 저녁을 함께했습니다. 그 친구는 웬일이냐며 초대한 이유를 자꾸 묻더군요.

"응, 너 칠순이 엊그제 아니었냐?"

"맞아! 그런데 네가 어떻게 알았냐?"

"어쩌다 기억했지. 그래서 너 저녁 한번 사주려고….."

"허! 짜식~ 제법이네!"

가까운 사람에게 더 관심을 보이면서 돈독한 관계로 나갈 수 있는 효과적 방법이 하나 더 있습니다. 알고 있는 사람의 명단을 만드는 거죠. 그래서 명단이나 메모 작성 기능이 있는 스마트폰이 나오기 전에는, 그러니까 수첩을 사용하던 시절에는 "누가 수첩을 잘 활용하느냐에 따라 인간관계가 달라진다"는 말도 있었던 거고요. 그런데 보통 사람은 그런 명단에 성명과 전화번호 정도만 적어놓지만, 인간관계를 잘 관리하는 사람은 무언가를 빼곡히 적어놓습니다. 상대방에게 관심이 있으니까요.

그러니 여러분도 '친구·친지 명단'을 만들어보십시오. 성명·생년월일·취미·연락처·친밀도 등 몇 가지만 기록해놓더라도 그 사람들과 훌륭한 인간관계를 형성할 수 있습니다. 현재 친구, 친지와의 친밀도를 생각해 보고, 그런 다음 친밀도를 상·중·하 정도로 분류해보는 것도 좋습니다.

친밀도를 향상시키려고 노력한다면 많은 사람과 좋은 교류를 할 수 있습니다. 친구, 친지의 명단을 관리해 자주 연락을 하거나, 생일이면 문자라도 날려주십시오. 더욱 돈독해지는 인간관계를 만들어 나갈 수 있습니다. 나아가 친구, 친지를 진정으로 사랑할 수 있게 됩니다. 내가 먼저 관심을 보여야 상대방도 내게 관심을 보이니까요.

사랑은 관심에서 시작합니다. 그러니 누구를 사랑하고 싶다면 관심부터 가져야 합니다. 관심도 가지지 않고서 사랑한다고 말한다? 그건 거짓입니다!

관심을 보일 수 있는 수단은 다양합니다. 그리고 어떤 형태로든 관심을 보이는 일이 다른 사람을 사랑하는 첫걸음입니다.

### 경청과 이해

관심을 가지게 되면 그 사람의 작은 표현도 놓치지 않으려고 노력합니다. 그 사람의 말을 잘 듣는 것은 물론, 그 사람의 행동 하나하나도 잘 살피는 거지요. 이렇게 되면 당연히 그 사람을 이해할 수 있게 됩니다. 더 나아가 내면을 이해하는 수준으로 발전하지요. 어차피 자신에게 관심을 가져주고, 자신의 말을 경청하거나 이해까지 해주는 사람을 싫어할 사람은 없습니다. 그래서 이 정도면 이미 두 사람의 마음은 서로 통하게 되고, 남녀 사이라면 이미 사랑이 싹트는 거지요.

취미로 사진촬영법을 함께 배웠던 사람 중에 60대 초반의 아주머니가 있었습니다. 성격이 상당히 까칠한 편이라 다른 사람들이 별 관심을 가지지 않았고, 저도 마찬가지였습니다. 그렇게 몇 개월짜리 강좌가 끝나고 한참이 지난 어느 날 그 여인에게서 전화가 왔습니다. 제가 사진반 모임의 회장이었던지라 전화번호를 반 사람들과 공유하고 있었거든요.

"대단히 죄송하지만 어느 누구에게도 말할 수 없는 일이 생겼는데요, 제 이야기를 좀 들어주실 수 있으신가요? 부탁드립니다. 주위에서 찾아봐도 회장님 밖에 말씀드릴 사람이 없어서요."

매우 진지하게 부탁하기에 말해보시라고 했습니다.

이야기는 이러했습니다. 남편과는 오래전 사별했고, 손자 하나를 둔 외아들 부부만 있다고 했습니다. 직장이 지방에 있던 아들 가족과는 따로 살았는데, 가끔 손자를 데리고 올라오면 날아갈 듯했다고 했습니다. 물론 며느리하고도 사이가 아주 좋았고요.

그런데 아들이 집에서 머지않은 곳으로 전근을 오면서 아들과 며느리가 그 여인과 한집에서 살고 싶다고 했답니다. 썩 내키지는 않았으나 어머니를 모시고 싶다니까 그러라고 했다더군요. 그런데 한집에서 살게 된 후 한 달도 되지 않아 고부간의 갈등이 생긴 겁니다. 3개월여가 지난 지금은 다시 분가해야 할 지경이라고 했습니다. 그런데 이대로 분가하면 아들 부부와는 영원히 원수가 될 것 같다는 것이었지요.

저는 난감했습니다. 뭘 어떻게 도와줘야 할지를 몰랐으니까요. 그렇다고 어렵게 자신의 가정 이야기까지 하며 도움을 청하는데 모른 척할 수도 없었고요. 일단 이야기를 잘 듣고 공감해주자고 마음먹었습니다. 그리고 그 여인이 미처 생각하지 못하는 부분을 살펴볼 수 있도록 객관적인 관점에서 질문하기로 했습니다.

그러기를 한 시간 정도 했어요. 별 진전이 없더군요. 다만 그 여인은 타인에게 속마음을 다 털어놓을 수 있어서였는지 마음이 많이 가벼워졌다고 했습니다. 저도 계속 질문하면서 그 여인의 생각을 열어주려고 노력했지요.

그러던 중 어느 순간 그 여인은 손뼉을 치면서 "어머! 이건 내 잘못이잖아? 이런! 어째, 왜 아직 그걸 몰랐었지?"라고 했습니다. 무슨 뜻이냐고 묻자 그때까지 하지 않던 이야기를 털어놓기 시작하더라고요.

그 여인은 성격이 깔끔해 밥을 먹으면 즉시 설거지를 해야 마음이 편했고, 집안 구석구석 먼지 하나 없이 반짝반짝 해야 직성이 풀린다고 했습니다. 반면에 며느리는 설거지도 미뤄놓고서 텔레비전을 보기도 했고, 집안 정리도 대충 하는 털털한 성격이었답니다. 그럴 때는 그 여인이 직접 설거지도 하고 집안 정리도 했다고 합니다. 이렇게 며느리에게 눈치를 주니 고부간의 갈등이 벌어질 수 밖에요.

그러다 결정적인 사건이 터졌습니다. 아들 부부가 어디를 다녀오겠다며 나갔는데, 이미 사이가 벌어져있던 터라 왜 나가는지, 어디로 가는지 그 여인에게 알려주지도 않았다고 합니다. 그래서 괘씸하던 차에 삐죽이 열려있던 아들 부부의 방을 보게 되었답니다. 방에 들어가보니 그 여인의 기준에는 '도저히 사람 사는 방이 아니'라는 느낌이 들었답니다. 그래서 직접 깨끗이 치우고 정리했다더군요. 며느리를 도와주는 일을 한다는 셈 치고요. 하지만 며느리의 기준으로는 '자기 영역이 시어머니에게 침범을 당한' 셈이었던 겁니다.

그런 사실까지 털어놓은 그 여인은 결국 이렇게 대화를 마무리했습니다.

"오늘 정말 감사했습니다. 이젠 며느리와의 문제를 좋은 방향으로 해결할 수 있을 듯해요. 고맙습니다."

그로부터 한 달쯤 지나 다시 그 여인에게서 전화가 왔습니다.

"아들과 분가했습니다. 어차피 그렇게 해야 맞는 일이거든요. 그런데 며느리와도 화해한 뒤 웃으면서 분가를 마쳤습니다. 회장님 덕분입니다."

저는 그저 그 여인의 이야기를 진지하게 긍정적으로 들어주고, 제가 궁금한 점을 물어보면서 이야기를 경청해주었을 뿐이었습니다. 결국 며느리를 진심으로 이해하고 자신의 잘못을 찾아내어 직접 문제를 해결한 사람은 그녀 자신이었고요. 뭐, 결과적으로 그 여인도, 그녀의 며느리도 다 행복해졌으니 좋은 거 아니겠습니까.

조신영·박현찬 작가들이 공저한 소설 『경청』을 읽어보시기를 권합니다. 경청과 이해에 대해 더 많은 깨달음을 구하실 수 있습니다.

## 배려

상대방을 이해하기 시작하면서 사랑의 싹이 돋아나면 여러 모로 배려하기 시작합니다. 힘이 들까봐 거들어주고, 배고프지는 않은지 염려하고, 추울까봐 감싸주는 등 걱정합니다. 이렇듯 배려는 상대방에게 관심을 가지고서 마음을 읽고 도와주거나 진심으로 보살펴주는 행동입니다.

가까운 친구 셋이 가끔 만나 저녁을 함께하곤 했습니다. 어느 날 도로가 막혀 10여 분 이상 늦어질듯 해 그중 한 친구에게 전화를 해서 조금 늦어지겠다며 양해를 구했습니다. 그 친구는 "응~ 나도 지금 한강다리를 건너는 중이라 좀 늦겠는 걸. 걱정하지 말고 천천히 와"라고 하더군요. 늦어져 조바심이 났던 저는 조금은 편안한 마음으로 약속장소에 도착했습니다. 그런데 도착하자 다른 친구가 질책을 했습니다.

"야, 너는 약속시간도 제대로 안 지키냐? 얘는 20분 전부터 와있었어!"

한 친구는 제가 노심초사할까봐 약속장소에 미리 와있었으면서도 자기도 늦어지니 걱정하지 말라면서 제 마음을 헤아려주었고, 다른 친구는 저를 위해 그런 배려를 해준 그 친구의 마음을 알아주라고 한 거죠.

배려를 주제로 한 한상복 작가의 소설 『배려』를 읽어보십시오. 배려에 대한 더 많은 이야기를 읽어보실 수 있습니다.

## 양보

　배려의 과정으로 들어가면 급기야 사랑의 불꽃이 튀기 시작합니다. 결국 두 사람의 사랑이 깊어지면서 상대방에게 모든 걸 다 내어주기에 이르죠. 이것이 바로 '양보'입니다.

　양보는 다른 사람의 입장을 이해하기에 자기의 주장이나 생각을 굽히고 그 사람의 의견을 따르는 일입니다. 또는 다른 사람에게 물건이나 자리 등을 먼저 내어주는 일입니다.

　양보는 그 사람을 사랑하지 않으면 하기 힘든 겁니다. 그러니 이즈음이면 두 사람의 사랑이 무르익어 서로 떨어질 수 없는 사이가 되어있겠죠. 사랑의 결실만 거둬들이면 되는 시점인 겁니다.


## 사랑의 방정식

　'사랑의 방정식'은 유행가 가사에만 있는 말이 아닙니다. 사랑의 방정식은 관심 · 경청 · 이해 · 배려 · 양보의 함수로 이루어지는 방정식입니다. 아직 사랑을 찾지 못하는 젊은 남녀는 사랑의 방정식의 과정과 절차를 따라서 해보세요. 그렇게 싹튼 사랑은 우리를 행복하게 합니다. 좋은 인간관계로 행복을 누리는데 사랑보다 더 큰 요소는 없으니까요.

　아내가 육순이 되던 날 무엇을 선물할까 고민하다 백자에 장미 스물서너 송이가 꽂혀있는 걸 그린 그림으로 결정했습니다. 며느리의 의견에 따라 장미 생화 60송이도 따로 준비했습니다. 그날 오후 아내가 밖에 나간 틈을 타서 사온 그림을 거실 벽에 걸어놓았습니다.

아내가 돌아온 후 아들과 며느리 등 가족이 있는 자리에서 장미 생화를 건네며 가려놓았던 그림을 펼쳐 보였습니다. 아내는 깜짝 놀라며 좋아하더군요. 그런 아내에게 육순을 축하한다면서 갑자기 떠오른 애드립 한마디를 곁들였습니다.

"이 생화 60송이는 현재 당신의 나이를 뜻하지만, 저기 그림 속의 스물서너 송이 장미는 내 마음속에 영원히 간직된 당신의 나이요."

아내는 나중에 아들에게 "나 죽으면 저 그림을 내 무덤 속에 넣어 줘"라고 말했고, 그 그림은 지금도 거실 중앙에 걸려있습니다.

사랑을 하는 사람은 더할 나위 없이 행복합니다. 사랑을 받는 사람도 그처럼 행복합니다. 그리고 사랑은 상대방을 위한 일이 아닙니다. 사랑은 자신의 행복을 위한 것입니다.

사랑은 관심에서 시작됩니다. 상대방에게 관심을 가지고서 그 사람의 이야기를 경청하고 이해해주어야 상대방도 내 이야기를 경청하고 이해해주니까요. 또한 내가 배려하고 양보해야 상대방도 나를 배려하고 양보하는 법입니다. 사랑은 그렇게 다가옵니다.

사랑은 자신의 성격을 긍정적·낙천적으로 바꿀 수 있는 방법이기도 합니다. 상대방을 긍정적으로 볼 수 있을 때에만 그 사람에게 관심을 가질 수 있고, 결국 사랑을 이룰 수 있으니까요. 그러니 다른 사람도 사랑하고, 자신의 성격도 긍정적·낙천적으로 바꾸십시오. 행복이 성큼성큼 다가올 겁니다.

# 칭찬은 삶의 행로를 바꿉니다

2000년대 초 켄 블랜차드라는 컨설턴트의 『칭찬은 고래도 춤추게 한다』라는 책이 베스트셀러에 올랐습니다. 동물에게 어떤 기술을 가르칠 때 칭찬과 먹이가 큰 동기를 부여한다는 내용이죠. 일본에도 "칭찬을 해주면 돼지도 나무 위에 오른다"는 말이 있다죠. 그런데 칭찬은 한 사람의 삶의 행로를 바꾸기도 합니다.

대학 2학년 초에 교수님에게서 들었던 칭찬을 지금도 잊을 수 없습니다. 그분은 매주마다 시험을 보고, 그 점수를 학점에 반영하셨지요. 그런데 첫 번째 시험을 본 후 다음 강의시간에 느릿한 충청도 말씨로 "김천사가 뉘귀여? 손들어 봐!" 하시더니, "응, 자네구먼. 이번 시험은 김천사가 제일 잘했어. 계속 잘혀보라구!"라고 하셨습니다. 다음 시험을 치른 후 교수님은 "이번 시험 결과는 프롬(from) 알파 투(to) 오메가여. 만점에서 영(0)점까지 있단 말이여. 김천사 자네가 만점이여"라며 연이어 칭찬을 해주셨습니다. 그 이후 저는 어떤 경우에도 그 과목의 시험을 잘못 치른 적이 없었습니다. 아울러 공부에 있어서만은 후회 없는 대학생활을 할 수 있었죠.

제가 직장인이던 시절, 그룹 전체의 정보화 추진 계획을 수립해 보고하는 자리였습니다. 추진 계획을 설명하기 시작하자 들으시는 분이 계속 질문을 하셨지요. 그만큼 관심이 많으셨던 겁니다. 그래서 오후 3시에 시작한 회의가 예상시간을 훨씬 초과해 오후 7시를 넘어서야 겨우 끝났습니다.

회의가 끝나자 그분은 책상을 탁치며 일어나시면서, "이런 브리핑을 3년 전에만 들었어도 우리 그룹이 크게 달라졌을 거야! 자네 생각대로 해봐!"라고 하셨습니다. 그 뒤 15여 년간 저는 그 일에 저의 모든 역량을 쏟아부으며 정말 행복하게 일할 수가 있었습니다. 그리고 제 삶의 정점에 설 수 있었죠.

몇 년 전 사진을 배우기 시작했을 때의 일입니다. 이론 강의가 끝나고 두 번째 실습 출사를 나가 촬영한 사진을 검토하는 시간이었죠. 제가 찍은 사진을 보던 선생님은, "사진 찍으신 지 꽤 오래 되셨죠?"라고 물으시더군요. 저는 그때가 두 번째 출사라고 대답했습니다. 그런데 선생님의 말씀이 뜻밖이었습니다.

"사진을 찍은 경험이 4~5년 이상 되지 않으면 이런 구도의 사진을 찍을 수 없는데?"

저는 그 이후 다른 취미는 모두 미뤄두고, 오로지 사진에만 매달리면서 아주 즐거운 시간을 보냈습니다. 그리고 지금도 사진은 제가 가장 좋아하는 취미입니다.

이 셋은 제 평생 동안 큰 영향을 미쳤던 세 분의 칭찬 사례입니다. 그분들은 모두 제 삶의 행로를 바꾸어놓으셨지요. 이렇듯 칭찬을 하는 사람에게는 지나가는 말이었을지 모르지만, 그 칭찬을 받은 사람은 그걸 계기로 삶의 행로가 바뀔 수 있습니다.

제 지인의 상사는 항상 화난 얼굴을 하고 있었다더군요. 아울러 무슨 수로든 잘못된 부분을 찾아내고 여지없이 질책하곤 했다더군요. 아무리 잘해도 꼬투리를 찾아 야단만 치니 정말 일할 맛이 나지 않았다고 했습니다. 그 상사는 숫제 대놓고 "난 칭찬을 몰라!"라고 말하곤 했다는데, 그런 사람과 함께 행복하게 일할 수 있었겠습니까? 아마 그 상사는 직원들을 항상 부정적으로만 봤을 겁니다. 이런 사람들의 삶은 행복과는 거리가 멀지요.

누구를 칭찬하는 것은 그를 긍정적으로 볼 때에만 가능합니다. 칭찬은 그 사람을 신뢰하며 인정한다는 뜻이자 긍정적 마음의 표현이니까요. 즉, 긍정적으로 보지 않으면 칭찬할 수 없기에 칭찬을 자주하면 부정적 마음이 긍정적으로 바뀌기까지 합니다. 그러니 긍정적 성격을 갖고 싶다면 다른 사람 칭찬을 많이 하세요.

그리고 제 사례들에서 보시듯이, 칭찬을 받은 사람의 삶의 행로도 좋은 방향으로 크게 바뀔 수 있습니다. 칭찬을 한 자신도 행복해지고요. 결국 칭찬은 '하는 사람'과 '받는 사람' 모두를 행복하게 해 주는 것이지요.

# 감사는 욕심을 잠재웁니다

인간의 괴로움은 현재의 욕심 때문에 생기죠. 예를 들면 돈이 더 있었으면, 지위가 더 높아졌으면, 더 좋은 차를 가졌으면 하잖아요. 이렇듯 현재 갖고 있지 못한 걸 탐하느라 괴롭지요?

그러시다면 현재 상황에 감사해보십시오. 감사는 현재에 집중하는 자세이며, 현재 가진 것에 만족하는 태도입니다. 예를 들면, "이 정도 돈이 어디야! 고마운 일이지", "벌써 주임으로 승진했잖아! 고마운 일이야", "작은 자동차지만 우리 가족이 타는 데는 문제없어. 아주 좋아!" 같은 식으로요. 바로 행복해집니다.

**감사 목록**

저에게 긍정적 영향을 미치신 분들이 여러분 계십니다. 그중 한

분은 제가 감사를 실천할 수 있는 방안을 궁리할 때 큰 조언을 주셨지요. 그분은 지난날의 감사할 일들을 떠올려보니 아주 좋았다고 하셨거든요.

그날부터 저도 지난날의 감사해야 할 사항을 기록하기 시작했습니다. 먼저 어릴 적의 기억을 더듬으며 부모님께 감사할 일을 간략하게 기록했습니다. 두어 시간 동안 60여 가지를 썼죠. 그랬더니 어느 순간부터 부모님에 대한 그리움에 눈물이 앞을 가려 글을 쓰기가 힘들 정도였습니다. "언제 부모님에 대해 이렇듯 깊이 생각해본 적이 있었던가?" 하는 회한이 든 거죠.

이 글을 읽으시는 분도 지금 바로 부모님에 대한 감사 목록을 적어보세요. 부모님에 대한 그리움과 감사로 매우 행복해질 겁니다. 돌아가신 분을 떠올리면, 그분이 잠에서 깨어 우리를 만날 수 있게 된다죠. 희곡 『파랑새』에 나오는 말입니다. 그러니 여러분도 감사 목록을 작성하면서 그분을 잠에서 깨워 행복한 시간을 가지시도록 해드리십시오.

저는 친지·선생님·친구·아내 등 다른 감사할 분들에 대해서도 감사 목록을 작성했습니다. 총 280여 건에 달하더군요. 그것만으로도 크게 흐뭇하고 행복했습니다. 그분들에게 직접 전해드리지는 못하더라도 감사의 마음을 가질 수 있어 또 행복해지니까요. 아울러 제 일생이 일시에 정리되는 것 같더군요. 그 이후에도 가끔씩 감사 목록을 열어보면 그 일을 겪었을 때 느꼈던 그 마음을 다시 느낄 수 있습니다. 그러니 여러분도 감사 목록을 적어보십시오. 특히 부모님을 비롯한 가까운 분들께 감사할 일을 기록해보세요.

늘 주어지는 일에 대해서는 감사하기를 잊고 살 때가 많습니다. 이제부터라도 내게 좋은 영향을 미쳤거나, 지금 내 곁에서 함께하는 이들에게 감사할 내용을 기록해보십시오. '그분이 없었더라면 '나'라는 존재가 어떻게 되었을까?' 생각해보면서 감사할 사항을 찾아보십시오. 직접 말로 하기는 쑥스럽더라도 감사 목록에 기록할 수는 있지 않습니까. 그러다 보면 감사의 마음을 깊이 새길 수 있고, 행복도 새록새록 피어납니다.

감사 목록은 기억을 떠올릴 수 있는 시점부터 적절한 기간으로 나누어 감사 대상별로 작성하면 좋습니다. 다음에 예시로 든 표와 같이요.

| 기간 | 감사 내용 |
|------|-----------|
| 초등학교 | 피난 시절 어머니는 떡을 빚어 팔아 저를 먹이며 학교에 보내셨습니다. 당시는 몰랐지만 지금 생각하니 얼마나 고마운 일이었는지요. 고맙습니다. |
| | 아버님은 한문을 가르치시며 배울 학(學) 자를 10번 쓰라고 말씀하셨죠. 친구가 놀자고 해서 몇 번 쓰다 말고, 더구나 한 글자마저 쓰다 말고 나가 놀았습니다. 아버님은 크게 화를 내시면서 작은 일도 제대로 마무리하지 않았다고 종아리를 때리셨습니다. 종아리를 맞을 때는 아팠지만, 지금은 가슴이 뭉클해지는 아버님의 가르치심이었습니다. 감사합니다. |
| 중학교 | 중학교 합격자 발표 날 두루마리로 된 합격자 명단이 펼쳐지며 제 이름이 합격자 명단에 보이자, 저를 높이 안아 들고 좋아하시던 아버님이셨습니다. 그때 그 느낌이 지금도 생생합니다. 그 사랑에 감사합니다. |

감사 대상 : 부모님

## 감사일기

저는 일기를 쓰지 못했습니다. 젊었을 때 간헐적으로 쓰기는 했지만 계속하지는 못했죠. 아쉽고 후회막심합니다. 그러나 감사 목록을 기록한 이후로 매일 감사할 일을 찾고, 또 일기처럼 쓰고 있지요. 한번은 친구들과 부부동반 모임을 가졌었는데, 대화의 주제가 '감사'로 흘렀기에 감사 목록 이야기를 했더니 모두 좋다며 한번 해보겠다고 했습니다. 그때 저는 마음속으로 매일 '감사일기'를 쓰겠노라고 다짐했습니다.

첫해에는 쉽지 않았습니다. 며칠씩 미루었다가 한꺼번에 기억을 더듬어 쓰기도 했고, 쓰다 말다를 반복하기도 했죠. 거의 실패할 듯했어요. 다행히 다음 해부터는 계속 쓰는 데 성공했고, 그래서 지금까지 수년째 매일 감사일기를 쓰고 있습니다. 재미난 점은 해를 거듭할수록 감사 건수가 늘어나더라는 점이에요. 지난해에는 무려 1,800여 건에 달하더라고요. 하루 평균 4~5건 정도 되는 셈이죠.

감사일기를 쓰면서 달라진 게 많습니다. 우선 하루 동안 일어난 일을 정리할 수 있게 되었습니다. 감사할 사항을 찾아내고 다시 떠올려보게 된 점도 좋고요. 언짢은 일이 있었더라도 거기서 긍정적 부분을 찾아내 감사할 점을 살피게 된 일도 좋은 일 아니겠습니까. 또한 조금 더 갖고 싶거나 하고 싶다는 마음도, "그래, 이 정도에서 만족하고 감사하자"라며 절제할 수도 있게 되었습니다. 저 자신이 조금씩 더 완성되어간다고나 할까요. 그래서 감사일기는 제가 요즘 행복하게 지낼 수 있는 큰 요인입니다.

감사일기는 날짜별로 감사 대상과 감사 내용을 간단하게 기록하면 됩니다. 물론 처음에는 잘되지 않죠. 그런데 한번 습관이 드니까 별 어려움 없이 계속할 수 있더군요.

매일 작성하지 않더라도 괜찮습니다. 생각날 때, 그러니까 며칠에 한 번씩 기록하더라도 무방하죠. 저도 그렇게 시작했지만, 하다 보니 매일 쓰게 되더군요.

감사일기를 계속 작성하면 설사 좋지 않은 일이 생기더라도 불편하거나 부정적인 마음을 줄일 수 있습니다. 부족함에 연연하지 않고 넉넉한 마음을 가질 수 있고요. 우울하거나 속상하지 않게 되어 행복해집니다. 편안한 마음으로 살아갈 수 있게 되는 거죠. 그래서 감사일기를 기록하고부터는 모든 사람을 감사의 대상으로 보고 있습니다.

상대방을 긍정적으로 볼 때에만 감사할 수 있습니다. 상대방을 부정적으로 보면서 감사할 수는 없잖아요. 그러니 좋지 않은 일에서도 감사할 만한 긍정적인 부분을 찾아내고 또 감사해보십시오. 행복해질 수 있습니다.

감사는 욕심을 잠재워줌으로써 욕심으로 인한 괴로움에서 벗어나게 합니다. 괴로움에서 벗어나면 항상 행복하게 살 수 있죠.

앞서 '행복 찾기가 아니라 행복 만들기'에서 긍정적·낙천적 성격이 조금 부족하더라도 바꿔나갈 수 있다고 이야기했지요. 바로 사랑·칭찬·감사, 이 세 가지는 긍정적이고 낙천적인 마음을 가질 수 있도록 나를 바꿀 수 있는 좋은 방법입니다. 즉, 사랑 · 칭찬 · 감사가 몸에 배면 긍정적인 사람으로 변화됩니다. 긍정적 마음은 행복을 빚는 큰 요소 중 하나이고요.

## 용서는 상처받은 마음을 치유해줍니다

일반적으로 용서는 상대방이 지은 죄나 잘못에 대해 꾸짖거나 벌을 주지 않고 너그럽게 봐준다는 뜻으로 인식됩니다. 또는 잘못을 없었던 일로 해주거나 배상만이라도 면제해주는 걸로 인식되고요. 그래서 상대방을 용서한다는 건 '내 자존심을 꺾는 일, 내가 손해를 보는 일'이라고 생각합니다. 그러다 보니 "절대 용서 못해!"라든가, "너라면 용서할 수 있겠니?"라는 말을 하게 되고요. 즉, "잘못을 눈감아주지 않고, 자존심 싸움에서도 절대 지지 않을 거야!"라는 사고방식이 나오는 겁니다. 만약 여러분이 용서에 대해 이렇게 알고 있다면, 안타깝게도 용서의 의미를 반만 알고 있는 겁니다.

용서한다고 해서 상대방에게 지는 것도 아니고, 내 자존심이 꺾이는 것도 아닙니다. 잘못을 눈감아주거나 면제해줄 필요도 없고요. 용서는 내게 잘못한 그 사람을 위해서가 아니라 나 자신을 위한 거니까요.

용서는 다른 사람 때문에 상처 입은 내 마음을 치유하는 일입니다. 즉, 다른 사람이 내게 저지른 잘못에 대한 증오심에서 탈출하는 거지요. 그래서 용서는 내 정신적 성숙도가 상대방보다 더 높다는 걸 보여주는 일입니다.

『용서의 기술』을 쓴 루이스 스머즈는 다음처럼 말합니다.

"사람들은 대개 '피해를 입은 내가 왜 그자를 용서해야 하느냐?'라고 생각한다. 그러나 용서하지 않고서 계속 미워하고 저주한들 내 마음의 상처는 없어지기는커녕 오히려 더욱 깊어진다. 상처받은 내 마음을 치유하고 싶으면 용서하라. 소중한 '나 자신'을 위해서라도…."

분노·증오·비통함·적개심 등은 정신과 육체 모두에 지극히 해로운 정서이며, 그래서 행복지수를 낮춥니다. 나아가, 우울증이나 불안감으로 이어져 '나'의 정신과 육체를 파괴하지요. 절대 행복할 수 없게 만듭니다.

그러니 상대방이 잘못했다면 엄중하게 경고하되 부디 용서하십시오. 그러면 나는 그 사람에게 큰 사람으로 인식되며, 내 자존감도 강화됩니다. 마음이 편해지고 행복해집니다. 이렇듯 용서는 내가 행복해지기 위함입니다.

석가모니는 이렇게 말했습니다.

"용서하지 못하고 분노와 증오심을 갖고 있음은, 상대방을 만나면 던지기 위해 빨갛게 달아오른 불덩이를 들고 있음과 같다. 먼저 불에 데는 것은 바로 너 자신이다."

예수도 "제 형제가 제게 죄를 범하면 몇 번이나 용서해야 합니까? 일곱 번입니까?"라는 제자의 질문에 이렇게 대답했습니다.

"일곱 번뿐 아니라 일곱 번씩 일흔 번이라도 용서하라."

### 주관적 용서의 편지

용서하는 방법의 하나로 행복심리학자 소냐 류보머스키 박사가 제시한 '주관적 용서의 편지'를 권합니다. '주관적 용서의 편지'는 상대방에게 분노를 강하게 표출하면서 마음껏 비난하는 편지입니다. 그런데 실제로 상대방에게 보낼 것처럼 봉투에 넣지만, 정작 부치지는 않아요.

저도 '주관적 용서의 편지'를 써봤습니다. 상대방이 저에게 상처를 입혔던 과거의 그 시점으로 돌아가서 주관적 감정을 이입해 상세하게 묘사했지요. 그 편지를 쓰면서 그때의 상황을 상기했고, 당시와 같은 감정을 가졌습니다. 그랬더니 편지를 쓰는 내내 생각을 주관적으로 정리할 수 있더군요.

시간이 어느 정도 지난 후 써놓은 편지를 다시 읽어봅니다. 편지를 쓰면서 그 사건을 주관적으로 평가하고, 편지를 읽으며 객관적으로 살펴보는 과정을 거치는 거지요. 좀처럼 머릿속을 떠나지 않던 상대방에 대한 악감정이 순화되는 겁니다.

한걸음 더 나아가 왜 그 사람의 지난날 행동에 내 마음이 묶여서 적개심을 불태우고 있었던가를 깨닫게 됩니다. 결국 내 마음을 상하게 하고 괴롭게 했던 그때 그 일이 '하찮은 옛일'이 되면서 상대방에 대한 용서가 가능해지는 거지요.

링컨 대통령도 정치적 공격을 받아 마음의 상처를 입었을 때 자신을 그렇게 공격한 상대방에게 '주관적 용서의 편지'를 썼다고 합니다. 내면의 목소리를 담아 거칠게 비방하고, 욕하고, 저주하는 내용으로 가득한 편지였다죠. 그 편지를 책상 서랍에 넣어두었다가 며칠 후 다시 읽어보고는 없애버렸다고 합니다. 그런 편지를 쓰면서 증오심을 가라앉힐 수 있었고, 나중에 읽어보며 너무 과하지 않았던가 하는 객관적 시각으로 바라볼 수 있었던 거지요.

'주관적 용서의 편지'는 이렇듯 내 솔직한 심경을 편지에 모두 담아서 표현하는 글입니다.

내게 잘못을 저지른 상대방을 증오하느라 적개심이 불타올라 괴로울 때, '주관적 용서의 편지'로 자신을 다스려보십시오. 상대방을 용서함으로써 마음의 괴로움을 털어버리고 행복한 일상으로 돌아갈 수 있습니다.


### 객관적 용서의 편지

'주관적 용서의 편지'를 쓰고 읽으면서 마음을 좀 추슬렀나요?

이제 이성적 눈으로 당시의 사건과 상대방을 바라볼 수 있을 겁니다. 그렇게 마음이 진정되어 객관적 시각으로 볼 수 있게 되면, 객관적 시각으로 그 상황을 정리하는 글인 '객관적 용서의 편지'를 또

써봅니다. 이번에는 훨씬 짧은 글이 될 겁니다. 상대방의 입장에서 또는 제3자의 입장에서 상황을 보며 쓰는 편지이니까요.

'주관적 용서의 편지'와 '객관적 용서의 편지'를 모두 써보면 나를 괴롭히던 과거의 그 일은 그저 '지나간 일'이 됨으로써 마음의 응어리로 남지 않게 됩니다. 그러니 다른 사람 때문에 마음에 상처를 받았다면 이 두 가지 '용서의 편지'를 써보십시오. 그 사건과, 관련된 사람과, 자신을 용서할 수 있으니까요. 그러면 그 일에서 마음이 훨씬 빨리 분리되어 편안해질 수 있습니다.

### 영화 스크린 기법

신경언어 프로그램(Neuro Linguistic Program, NLP)이라는 정신수련 기법이 있습니다. 이 기법은 다양한 심리학적 방법을 응용해 편안한 마음으로 살아갈 수 있도록 해주죠. 그중에 '영화스크린 기법'이란 방법이 있습니다. 다음과 같은 방법이죠.

가만히 눈을 감고 영화관 객석에 앉아있다고 생각합니다. 그리고 잊고자 하는 일을 떠올립니다. 그 상황을 객석 앞에 있는 스크린에 영화처럼 재현시킵니다. 처음에는 스스로 그 영화의 주인공이 되어 불쾌한 감정을 그대로 느끼다가, 그런 감정이 절정에 이를 즈음 슬며시 스크린에서 빠져나옵니다. 관객의 자리로 되돌아와 상영되는 영상을 객관적으로 감상(?)하는 거지요.

그와 같은 상상을 반복하면 나를 힘들게 하던 그 일을 '그저 스쳐 지나갔을 뿐인 평범한 옛일'로 여길 수 있게 됩니다. 즉, 영화의 내용과 내가 합쳐지고 분리되기를 반복함으로써 지난날의 사건에서 나를 분리해 진정한 용서를 할 수 있는 거지요. 물론 NLP를 잘 아는 사람이 옆에서 도와주면 효과가 빨리 나타납니다.

이렇듯 용서란 마음속에 가진 '지난날의 사건으로 인한 괴로움'에서 나를 분리시키는 일입니다. 용서하지 않고 분노·증오·적개심을 그대로 갖고 있다면 그 사건·사람(상대방)에 대한 기억은 계속 나를 괴롭힐 것입니다. 더구나 가해자인 상대방은 내게 그런 행동을 했던 사실조차 잊어버리고 무심하게 살아가고 있을 터인데 나는 그 일에서 헤어나지 못하고 있다면 얼마나 어처구니없습니까? 이래선 절대 행복해질 수 없지요.

괴로움은 과거의 일에 대한 미련 때문에 일어나는 경우가 많습니다. 더군다나 다른 사람이 내게 저지른 잘못으로 일어난 사건에 주관적으로 몰입하면서 내가 괴로워한다면 이 얼마나 잘못하는 일입니까. 용서는 나를 괴롭히는 과거의 일에 대한 미련으로부터 나를 분리시키고, 그걸 객관적으로 볼 수 있게 해줌으로써 나를 행복하게 하니까요. 그래서 용서는 내 행복을 위한 일입니다.

# 다 함께 행복해지는 봉사와 기부

　봉사는 자기를 희생해 남을 돕는 일이자, 자신의 시간·노력·편안함을 희생하는 활동입니다. 그러한 자기희생이 따르지 않는다면 진정한 봉사라고 할 수 없습니다. 자기희생이 없는 봉사는 남에게 보이기 위한 가식적 행동일 뿐이기에 행복을 누릴 수도 없고요. 예를 들면, 사회적으로 큰 잘못을 저지르고 법에 의해 어쩔 수 없이 해야만 하는 사회봉사라든가, 타의에 의해 마지못해 해야 하는 봉사가 그런 유형이죠. 그러나 그런 봉사 활동을 하면서도 마음을 고쳐먹고 자신을 희생하는 마음으로 임한다면, 역시 행복을 누릴 수 있습니다.

## 몸으로 도와주는 봉사

시한부 삶을 살아가고 있는 암환자들의 병동에는 환자를 돌보는 호스피스 봉사자가 많습니다. 그들의 얼굴에서는 귀찮다거나 힘들다는 표정을 읽을 수 없다고 하더군요. 그들은 언제나 웃으면서 힘든 일을 즐겁게 하기에 참 행복하다고 합니다. 이처럼 자신을 희생해 다른 사람을 돕는 봉사 활동은 큰 행복을 이끌어냅니다.

반면에 이런 예도 있지요. 사실, 모임에서 총무를 맡는 일은 조금 귀찮은 일이잖아요. 그러다 보니 서로 맡지 않겠다고 떠넘기기도 하고, 그 이유로 모임이 해체되는 일도 발생합니다. 그러나 모임 친구들을 위해 자신을 희생해 봉사할 수 있는 기회는 자주 있지 않습니다. 예를 들면, 모임 주선은 작은 봉사입니다만, 친구들을 편안하게 해줄 수 있는 일이죠. 스스로 그런 일을 맡아서 하면 몸은 귀찮더라도 마음에는 행복이 깃듭니다.

다행히도 봉사를 필요로 하는 사회 곳곳에 자원봉사자가 몰려든다죠. 어떤 곳은 단 하루 봉사하는 건데도 봉사하려는 사람이 많아서 예약을 하고 기다려야 할 때도 있고요. '뜻있는 일을 했다는 자부심'을 느끼려는 이들이 이렇게 많다는 사실은, 우리 사회가 밝아지고 있다는 증거 아니겠습니까. 모두가 행복해지는 거지요.

혹시 '1365 자원봉사포털(www.1365.go.kr/)'을 아시는지요? 곳곳에서 봉사자를 구하는 내용이 올라와있는 곳입니다. 그래서 봉사하려는 사람이 알맞은 봉사 장소를 찾을 수 있지요. 이런 곳을 활용해 자신에게 맞는 봉사 활동을 하면 행복해질 수 있습니다.

저도 젊은이들이 행복하게 살 수 있도록 도와주자는 생각을 했었습니다. 그래서 방법을 찾던 중 장학재단에서 멘토를 늘리려 하니 뜻이 있으면 거기에 추천해주겠다는 분을 만났죠. 그렇게 한국장학재단의 사회리더 대학생 멘토링 사업에 참여하면서 여러 해째 멘토로 활동하고 있습니다.

한국장학재단은 사회 각계에서 성공적으로 일해왔던 분들을 멘토로 위촉해 학생들에게 지혜와 경험을 나누어주는 멘토링 사업도 하고 있습니다. 대한민국의 미래를 위해서 참으로 바람직한 사업이죠. 재단은 매년 2월 초마다 멘토링 참여를 원하는 대학생 중에서 멘티 후보를 8명 정도씩 선발합니다. 4월부터 11월까지 그들과 토론하고 경험을 공유하면서 학교에서 배우지 못하는 삶의 지혜를 나누는 멘토링 활동을 하고요. 멘토에게는 재능기부를 하는 봉사 활동입니다.

저에게는 평생 했던 일 중 가장 보람되고 가장 행복한 일이죠.


## 가진 것으로 도와주는 기부

기부는 물질(재물)·재능 등 자신이 가진 것으로 도와주는 봉사입니다. 물론 자신이 가진 재물을 나누어 다른 사람들을 돕는 일이 쉬운 일은 아니죠. 하지만 우리 사회 곳곳에는 상당한 재물을 기부하는 사람이 많습니다.

2011년 우리에게 큰 감동을 주고 떠난 김우수라는 분의 이야기를 하겠습니다. 한 달 수입 겨우 70만 원 정도의 중국음식점 배달원이었던 그분은, 어려운 어린이를 위한 단체에 수입의 대부분을 후원했습니다. 그분은 겨우 노숙을 면하는 생활을 하느라 몸은 고단했겠지만, 마음은 한없이 행복했을 분입니다. 그분은 다른 사람의 행복을 위해 자신을 희생할 때 더 행복하다고 생각하던 분이셨을 테니까요.

충남 서산에서 염전을 일구는 강경환이라는 분은 어릴 때 사고를 당해 두 손목이 없는 장애인입니다. 그런 분이 연말마다 인근의 독거노인에게 소금을 배달하셨다지요. 무려 13년간이나 자신이 누구인지도 밝히지 않고 그런 선행을 해왔던 강경환 씨의 기부 역시 우리를 감동시키는 이야기입니다.

수천억 원을 순수한 마음으로 기부했던 삼영화학의 이종환 회장님 같은 분의 일화는 참으로 훈훈합니다. 그런 분들이 했던 선행의 보다 상세한 내용을 인터넷에서 찾아 읽어보신다면 그런 분들이 기부를 하고 난 후에 느꼈을 행복도 함께 느껴보실 수 있습니다.

이렇듯 기부를 하는 분들은 자신이 가진 것에 감사하고, 남들과 나누는 일에서 더 큰 행복을 느끼는 분들입니다.


### 기부의 법칙

기부의 법칙이란 다른 사람을 위해 진정한 사랑에서 우러나온 기부를 하면 반드시 그에 상응하는 보답이 되돌아온다는 이야기입니다. 신앙을 가진 사람은 신에게서 보답을 받는다고 생각합니다.

어느 해엔가 아내와 의논해 한 자선단체에 기부하기로 결정했지만, 정작 돈이 부족하더군요. 우선 가진 돈만 기부하고 나머지는 추후에 하겠다고 약속했지요. 마침 그 무렵 제가 경영자문을 해주던 회사에서 경영 계획 회의에 참석해 특별자문을 해주고, 경영전략에 관한 강연도 해달라는 요청이 왔습니다. 공교롭게도 특별자문료와 강연료를 합쳐봤더니 계획했던 기부금의 액수와 꼭 같더군요. 기부의 법칙이 적용된 거지요. 이로써 우리 부부가 느꼈던 행복은 정말 대단했습니다.

그런데 말이죠. 다른 사람들을 사랑하는 마음으로 기부를 해야만 기부의 법칙이 적용된다는 게 참으로 신기합니다. 재난이라든가 기타 사회적으로 어려운 일이 일어났을 때 많은 사람이 의연금을 기부하잖아요. 헌데 개중에는 다른 사람들을 사랑하는 마음보다는 과시하려고 혹은 주변의 눈치를 의식해서 기부하는 사람들도 있죠. 그런 분들은 기부를 하면서도 별로 행복하지 않겠지요? 이런 분들에게 『성경』에서는 이렇게 가르칩니다.

"내가 비록 모든 재산을 남에게 나누어주더라도 또 내가 남을 위해 불 속에 뛰어들더라도 사랑이 없으면 모두 아무 소용이 없습니다."

사실, 사회적 물의를 일으킨 후 세상의 비난을 모면해보기 위해 어쩔 수 없이 하는 수천억 원의 기부는 사랑과는 아무런 관계가 없지요. 그런 분은 아마도 행복을 얻는 대신에 아픈 가슴만 쓸어내리지 않았을까요?

평생 콩나물 장사를 하며 푼푼이 모은 돈을 한꺼번에 기부하는 할

머니는 어떨까요? 그 할머니의 가슴에 무엇이 가득하겠습니까? 행복! 그렇습니다. 행복이 가득했을 겁니다.

다른 사람들을 사랑하는 마음으로 시간·노력·편안함을 내어주거나 가진 재물을 나누는 봉사와 기부는 우리를 행복하게 합니다. 내어준 자리마다 다시 가득 채워지면서 행복이 새록새록 가슴속에서 피어오르니까요. 자신을 희생하는 봉사와 기부는 이렇게 자기 자신도 더욱 행복하게 해줍니다.

# 제3행복설계 - 좋은 인간관계 만들기

좋은 인간관계를 만들고 싶나요? 친절하기, 사랑하기, 칭찬하기, 감사하기, 용서하기, 봉사·기부하기를 하시면 됩니다.

사랑하기는 관심·경청·이해·배려·양보 등으로 세분됩니다. 이를 구체적으로 실천할 방법을 찾고 그대로 행동하거나, "나는 이렇게 하겠다!"고 다짐하고서 살아간다면 좋은 인간관계를 이룰 수 있습니다. 잘 아시다시피 좋은 인간관계는 커다란 행복을 이끌어냅니다.

165페이지의 '제3행복설계 - 좋은 인간관계 만들기'를 작성해보십시오. 좋은 인간관계를 만드는 데 필요한 훌륭한 삶의 지표로 삼을 수 있습니다.

'제3행복설계-좋은 인간관계 만들기'를 작성할 때 '활동 구분'은 더 적절하게 세분해도 좋습니다. '활동 방법과 다짐'에는 행동하기 위한 실천 방법이나 마음속으로 다짐하고 싶은 내용을 쓰면 됩니다.

예를 들면, '관심 가지기'에는 '친구·친지 목록을 작성해 관리한다', '감사하기'에는 '매일 감사일기를 작성한다'처럼 실천 방법을 기록합니다. 할 수 있으면 '활동 목표'도 기록합니다. '활동 목표'로는 '하루 3번 칭찬', '수입의 n퍼센트 기부' 등을 적으면 되겠죠.

좋은 인간관계를 만드는 활동은 사회생활에서 대단히 중요한 일 일입니다. 그러나 대부분 그냥, 적당히, 상식적으로 또는 임기응변적으로 행동하며 살아가지요. 그런데 만약에 '제3행복설계 – 좋은 인간관계 만들기'를 작성하고 실천하며 살아간다면 훨씬 행복하게 살 수 있습니다. 그러니 어린 시절부터 '제3행복설계 – 좋은 인간관계 만들기'를 작성하고 실천까지 할 수 있다면 좋겠죠.

하지만 지금도 늦지는 않았습니다. 필요하다고 깨달은 시점부터 좋은 인간관계를 위한 활동 지표를 마련해도 되니까요. 그러나 생각만으로는 안 됩니다. 생각은 흩어질 수 있으니까요. 그러니 좋은 인간관계를 만들기 위한 활동 방법을 상세하게 설계함으로써 생각을 모아야 합니다.

## 제3행복설계 – 좋은 인간관계 만들기

| 활동 구분 | | 활동 방법과 다짐 | 활동 목표 |
|---|---|---|---|
| 친절하기 | | | |
| 사랑<br>하기 | 관심 가지기 | | |
| | 경청하기 | | |
| | 이해하기 | | |
| | 배려하기 | | |
| | 양보하기 | | |
| 칭찬하기 | | | |
| 감사하기 | | | |
| 용서하기 | | | |
| 봉사하기 | | | |
| 기부하기 | | | |

행복이야기 네 번째

# 올바르게 일하기

일은 우리에게 많은 행복을 가져옵니다. 일을 하면 꿈을 이룰 수 있어 행복하고, 성취감을 느낄 수 있어 행복합니다. 돈을 벌 수 있어 행복하고, 사회적 지위와 명예를 얻을 수 있어 행복합니다. 일의 결과로 사회에 공헌할 수 있어 더욱 행복합니다.

제가 30대 중반이던 시절의 어느 날이었습니다. 퇴근을 하려는데 위층에 있는 동료가 잠깐 올라와보라더군요. 그 친구의 책상 위에는 지필묵이 놓여있었고, 어떤 사람이 붓글씨를 쓰고 있었습니다. 글을 써주거나 그림을 그려주고 값을 받는 사람이었는데, 좀 독특한 방법을 쓰고 있어 관심이 갔습니다. 관상을 보고 그 사람의 특성에 적합한 글을 써주거나 그림을 그려주더라고요.

호기심으로 저도 관상을 보고 글을 한 점 받기로 했습니다. 제 관상을 보고 써준 것은 사중구락(事中求樂)이라는 글이었습니다. '일하면서 즐거움을 찾으라'는 의미라더군요. 제 관상을 보니 제 성격에 가장 적합한 글이라면서요.

사실이 그랬습니다. 저는 한가하게 가만히 있기보다는 무슨 일이든 해야 더 즐겁습니다. 그래서 그 글을 표구해 간직하겠다고 마음먹었지만, 아쉽게도 바로 새집으로 이사하는 바람에 결국 잃어버리고 말았습니다. 참으로 아쉬웠지만, 일에 대한 저의 특성을 아주 잘 나타내주는 글이었기에 항상 머릿속에 남아있습니다.

## 일의 효율과 성과

하고 싶은 일을 신나게 할 수만 있어도 행복합니다. 일을 한 결과로 높은 가치를 창출할 수 있으면 더욱 행복합니다. 높은 가치를 창출하려면 일의 효율과 성과를 높여야 합니다. 그러려면 내 일을 뒷받침해줄 다양한 요소가 필요합니다.

먼저 생각할 요소는 일하는 '방법'입니다. 올바르지 않은 방법으로는 좋은 성과를 기대할 수 없으니까요.

다음으로는 일하는데 필요한 '능력'입니다. 일하는 방법이 좋더라도 능력이 부족하면 높은 효율이나 성과를 기대하기 어렵잖아요.

일하는 '환경'도 필요한 요소입니다. 일하는 능력이 출중할지라도 물리적으로 좋지 않은 환경에서는 일하기가 힘듭니다. 인간적 갈등이 심한 환경(직장)에서도 일하기는 힘들고요. 당연히 일의 성과도 만족스럽지 않습니다.

일하는데 필요한 방법·능력·환경이 모두 갖춰졌더라도 정작 일하는 사람의 '일에 임하는 의식과 자세'가 바르지 않다면 효율과 성과는 결코 높아질 수 없습니다. 일을 하고 싶지 않은 사람에게 일을 맡기면 일이 잘 처리될 리 없잖아요. 억지로 일하는 사람도 행복할 수 없고요.

일을 하면서 행복을 이끌어내려면 무엇보다 올바른 의식과 자세를 가져야 합니다. 즉, 일하는 방법보다는 일하는 능력이, 일하는 능력보다는 일하는 환경이, 그리고 일하는 환경보다는 일에 임하는 의식과 자세가 더 중요합니다.

제가 한창 실무자로 일하고 있을 때 이런 의문이 제 머릿속을 계속 맴돌았습니다.

'지금 하는 일에 대한 내 생각이나 행동이 올바른가?'

그러나 당시에는 아무도 그런 의문에 답(조언)을 해주지 않았고, 그에 관한 교육도 받지 못했습니다. 오랜 세월이 지나 그런 의문에 스스로 답할 수 있게 된 이후에, 후배에게 다음과 같은 여섯 가지 물음에 확실하게 답을 할 수 있어야 한다고 강조해왔습니다.

왜 일을 하는가?

왜 그 일을 하는지, 즉 일의 목적을 분명히 해야 합니다. 이는 일의 효율과 성과를 높이기 위해서, 일을 통해 더 많은 행복을 누리기 위해서 필요합니다.

일의 가장 큰 목적은 '성취'이며, 또 하나는 이에 상응하는 '대가'입니다. 성취는 즐거움과 행복을 동반하고, 대가는 현실적 삶을 책임지니까요. 이 두 가지 목적이 균형을 이루어야 바람직합니다.

나는 누구인가?

목구멍이 포도청이라 마지못해 일하는 사람을 '월급쟁이'라고 비하합니다. 그런 사람은 대가를 먼저 추구하는데, 요즘은 그럭저럭 일하는 그런 사람들을 '좀비<sup>(ZOMBIE)</sup>족'이라 부르더군요. 요령을 피우거나(Zany), 하는 척 하거나(Ostentation), 안목이 짧거나(Monocular), 바람잡이 역할을 하거나(Blower), 뒤에서 탓하거나(Intrigue), 감정을 앞세우는(Emotional) 사람을 가리킨다죠.

반면에 하고 싶지 않은 일이라도 하고 싶은 일로 바꾸어 즐겁게 일하는 사람을 '전문직업인(전문가)'이라 합니다. 전문가는 성취를 먼저 추구합니다. 그래서 전문가를 순수한 우리말로 '꾼'이라 하지요. 전문가는 남들보다 생각이 앞서고, 새로운 지식에 목말라합니다. 전문가는 과정에 충실하고, 결과에 겸손합니다. 투철한 직업정신 · 장인정신 · 프로정신도 갖췄고요.

전문가를 요즘은 '얼라이브<sup>(ALIVE)</sup>족'이라고 부르더군요. 능동적이고(Active), 안목이 높으며 도량이 크고(Large), 지성적이며(Intelligence), 활력이 넘치고(Vivid), 조직에 꼭 필요한(Essential) 사람이라서라죠.

월급쟁이로 전락해 좀비족이 될지, 전문가로 뛰어올라 얼라이브족이 될지는 여러분의 생각과 자세에 달려있습니다.


직장이란 어떤 곳인가?

직장<sup>(職場)</sup>이란 일(職)을 할 수 있는 마당(장소,場)입니다. 내가 하고 싶은 일을, 하고 싶은 대로, 신나게 할 수 있는 곳이 직장인 것이지요. 신나게 일을 하느라 행복했었는데, 그 대가도 지급받는다?

직장은 그렇게 행복한 곳입니다. 그러니 내가 지금 일하는 직장이 어떤 곳인지 잘 알고 있어야 합니다.

먼저 자신이 소속된 직장의 존재 목적을 잘 파악해야 합니다.

예를 들면, 일반 기업은 이윤을 추구하는 성과공동체입니다. 따라서 기업에서 일하는 사람은 성과(이윤) 창출을 우선해야 합니다. 공공기관에서 일한다면 공익 창출을 우선해야겠죠. 이렇듯 일하는 직장의 존재 목적을 바로 알고 좋아할 수 있어야, 그 직장에서 하는 모든 일이 즐겁습니다.

직장인이라면 대개 월요일부터 금요일까지 깨어있는 시간의 대부분을 직장과 관련된 일을 하면서 보냅니다. 그러니 직장에서의 시간이 행복하지 않다면 삶의 대부분이 행복하지 않겠지요. 그러니 자기가 소속된 직장을 좋아하고 사랑하시기 바랍니다. 그래야 행복해지니까요.


언제 일해야 하는가?

일을 하는 데도 적절한 때가 있습니다. 자기가 하고 싶다고 해서 아무 때나 일할 수는 없으니, 지금 바로 주어진 일을 열심히 하십시오.

시간을 놓치지 마십시오. 시간을 놓치면 영원히 그 일을 할 수 없게 될 수도 있습니다. 그러니 일할 수 있을 때를 놓치지 않기 바랍니다.

또한 상황에 따라 그 일을 해야 할 때도 있고, 하지 않아야 할 때도 있습니다. 연령대에 따라 할 수 있는 일도 달라집니다. 체력이나 정신력이 점차 변화되니까요. 그러니 상황과 시점에 맞는 일을 적절하게 구해야 합니다. 만약 적절하지 않은 일을 한다면 그 일을 그르치기도 쉽고, 또 그 일 때문에 오히려 힘들고 우울해질 수도 있으니까요.

무슨 일을 해야 하는가?

성취감을 느낄 수 있고 상응하는 대가도 거둘 수 있다면 어떤 일을 하더라도 상관없습니다. 단, 두 가지 조건에 부합해야 합니다.

하나는 정의롭고 바른 일을 하는 것입니다. 정의롭지 못한 일을 한다면 당당할 수 없으니까요.

또 하나는 하고 싶은 일을 하는 것입니다. 하고 싶은 일을 하면 힘도 덜 들고 성과도 크게 오르니까요.

이 두 가지 조건이 충족되지 않으면 부담을 갖게 되어 행복하게 일할 수 없습니다. 이에 대한 더 많은 이야기는 다음 페이지부터 이어가겠습니다.

어떻게 일해야 하는가?

일하는 방법은 일에 따라 달라집니다. 이에 대해서는 '일을 잘한다는 평판 듣기'에서 일을 잘할 수 있는 일반적인 방법 몇 가지와 함께 더욱 자세히 설명하겠습니다.

결론은 위와 같은 일 관련 질문들에 바른 답을 할 수 있다면 일단 일에 임하는 기본적 의식과 자세는 갖췄다고 볼 수 있습니다. 그렇다는 건 일의 효율과 성과를 높이면서 행복하게 일할 수 있다는 뜻이지요.

그럼 지금부터 하는 이야기는 일에 임할 때 가져야 하는 올바른 의식과 자세에 대한, 상세하고 구체적인 이야기입니다.

# 정의롭고 바른 일을 해야 당당하고 행복합니다

　2010년경 하버드 대학 마이클 샌델 교수의 책 『정의란 무엇인가?』는 우리나라에서도 큰 반향을 불러일으켰었습니다. 이 책에서 샌델 교수는 "어떤 판단이 과연 정의로운가?"를 결정하는 것은 결코 쉽지 않다면서, 미묘한 상황에서의 정의로운 사고와 행동을 설파하고 있습니다. 즉, 정의를 철학적으로 재해석하는 책이라 읽기가 상당히 어렵더군요.

　이렇게 어려운 책이 왜 책 읽는 사람마저 줄어드는 우리나라에서 베스트셀러가 됐을까요? 이는 아마도 학력·금력·권력 등과 같은 표면적인 힘을 떠받드느라 정의롭지 못한 일이 자주 일어나는 우리의 사회적 현실 탓이 아닐까요? 그러니까 소위 '선진국' 경제력에 도달한 이상 선진국답게 정의로운 사회를 지향하자는 국민적 욕구의 반영이 아닐까 합니다.

1964년부터 11년간 연세대학교 총장을 역임하신 박대선이란 분이 계셨습니다. 그분이 총장에 재임 중이던 1974년에 '명동 사건'이라는 정치적 사건이 발생했어요. 서슬 퍼렇던 유신정권 시절에 집회가 발생했고, 여기에 연세대학교 교수와 학생 여러 명이 관련되었던 것이죠. 물론 당시 정부는 긴급조치 위반으로 그들을 투옥했습니다. 10여 개월 후 전국적 석방 운동의 압력에 밀린 정부는 그들의 복교를 금지하는 조건으로 석방했고요. 그런데 박대선 총장은 이들을 모두 복교시켰습니다. 이렇게 소신을 밝히면서요.

"학생과 교수가 자신들의 배움터요 자신들의 일터로 되돌아오고 싶어하는데, 총장인 내가 어떻게 막을 수 있겠습니까?"

당연히 정부에서 다양한 압력이 들어왔겠죠. 학교행정에 대한 철저한 감사를 통해 회계 부정이나 부정 입학 등의 비리를 찾아낸다거나 하는 식으로요. 그런데 한 점의 오점도 찾지 못했다고 합니다.

박대선 총장은 총장 재직 11년간 단 한 번도 부인을 총장 전용 자동차에 태운 적이 없던 분이었고, 아들이 연세대에 응시해 낙방했을 때에도 총장의 아들이니 합격 처리하려던 걸 막으신 분이었습니다. 이런 박대선 총장을 해임하라고 정부가 이사회에 통보했고, 그 때문에 논란이 거듭되자 박대선 총장은 바로 사직했습니다.

사직에 즈음한 성명에서 박대선 총장은 이렇게 소회를 밝혔습니다.

"이제 온갖 능력과 열정을 바친 연세 학원을 떠나려는 본인의 심정은 착잡하기보다는 오히려 잔잔하기만 합니다. … 현실과 이상의 괴리에서 현실과의 타협은 어렵지 않으나, 젊은 학생들이 갈구하는 이상을 외면할 수 없는 심정은 참으로 감당하기 어려운 번민이었습니다."

그분 노년의 30여 년을 곁에서 지켜본 저는 박대선 총장이야말로 이 시대에 큰 귀감이 되었던 큰 어른이라고 생각합니다. 박대선 총장은 언제나 환한 얼굴로 "김 선생, 항상 즐겁게 사십시오"라고 말씀하셨지요. 그분이 자주 인용하시던 『성경』구절이 생각납니다.

"오직 정의를 물 같이, 공의를 마르지 않는 강같이 흐르게 할지어다."

### 정의(正義)의 정의(定義)

정의로운 일은 정당하고 공감될 뿐만 아니라, 불안하거나 불편함이 느껴지지 않기에 사람을 행복하게 합니다. 그래서 마이클 샌델 교수는 정의를 다음과 같은 세 가지 관점으로 설명합니다.

하나는 행복의 극대화를 모색하며 공리주의에 입각한 최대 다수의 최대 행복을 추구하는 관점입니다.

또 하나는 자유와 개인의 권리를 존중해주는 일과 관련짓는 관점입니다.

마지막은 미덕 그리고 좋은 삶과 관련짓는 관점입니다.

이렇듯 정의(正義)를 정의(定義)하기는 정말 어렵죠. 그러나 정의로운 일은 그걸 하는 사람에게는 물론이고 주위 사람들에게도 매우 큰 행복을 가져온다는 건 틀림없습니다.

저의 부모님은 1899년생 동갑내기이십니다. 말 그대로 19세기 분들이셨지요. 그분들은 경상도 두메산골에서 허기진 배를 움켜잡고 만주로 이주해 갖은 고생을 하시며 광활한 농토를 개간하셨던 분들입니다. 어릴 때 어머니께 들었던 이야기와, 한 분뿐인 누님의 기억을 종합해보면 1922년에 만주로 이주하신 듯합니다. 그즈음 만주에서는 힘과 부지런함만 있으면 아무 땅이나 논밭으로 개간할 수 있었던 모양이고요.

처음에는 먹을 게 없어 만주 사람이 버린 반쯤 뜬 곡식을 주워서 먹을 정도였다는데, 10여 년이 지나자 상당한 토지를 소유한 부농이 되셨다네요. 누님의 기억에 의하면 한창 농사철에는 근 100여 명의 일꾼을 고용해 일을 시켰다고 합니다. 아버지가 들판을 돌아보실 때는 말을 타셨다니, 대단한 규모로 농사를 지으셨나 봅니다. 누님은 말에 높이 오르신 아버님이 대단히 멋있고 자랑스럽게 보였다고 하십니다. 아버님은 그곳을 집현촌(集賢村)이라 이름하셨는데, '어진 사람들이 모이는 곳'이라는 뜻입니다. 아울러 집현촌에 학교를 세워 고국에서 온 어린 학생들을 가르치기도 하셨습니다.

그러다 누님이 열 살쯤 되던 해에 온 가족이 늦은 밤에 소달구지를 타고 도망치듯 떠났다고 하더군요. 그리고 다시는 그곳에 돌아가지 못했다고 합니다. 왜 그랬는지는 말씀을 해주지 않으셨으니 알 길이 없었습니다. 뒤늦게 누님의 기억과 어머니에게서 간간이 들었던 단편적인 이야기들로 퍼즐 맞추듯 하다 보니 놀라운 사실을 알게 되었습니다.

백부님이 찾아오신 어느 날, 곧이어 일본 순사들이 들이닥쳤다고 합니다. 다행히 백부님은 아슬아슬하게 피신을 하셨고요. 어머님은 총소리가 요란했다고 하셨습니다. 누님의 기억으로는 백부님은 독립군과 관련 있는 활동을 하신 것 같습니다. 아마도 아버님은 집안 사람들도 모르게 백부님을 도우셨겠지요. 그래서 우리 가족은 결국 일본 순사들을 피해 야반도주를 한 거고요.

아버님이 집안어른과 하시던 말씀 중에도 "돈을 접어 넣고 만두를 빚어 꽁꽁 얼려서 한 짐 지고 갔다"는 대목이 있었습니다. 또한 제가 어릴 때 아버님의 쇄골 부근에서 큰 흉터를 봤고요. 나중에 어머님이 "일본 순사에게 잡혀가 칼로 맞았었다"고 하시더군요.

그렇지만 그런 일을 증명할 길은 없습니다. 일본이라면 치를 떠셨던 아버님은 이미 근 60년 전, 어머님은 40여 년 전에 상세한 말씀도 남기지 않고서 돌아가셨고, 누님은 어릴 적 기억이 완전하지 않으시니까요. 백부님은 그 이후 어디서 어떻게 돌아가셨는지 알 길이 없고요.

저는 아버님이 분명히 백부님을 도와 독립군의 군량미와 군자금을 조달하는 큰일을 하며 정의롭게 사셨던 분이라고 굳게 믿습니다. 그분의 아들로서 그런 훌륭한 일을 밝혀드리지 못해 안타깝고 송구스럽습니다. 나라를 잃었던 그 시절, 어려웠던 그 시절에 가족보다도 정의로운 일에 힘을 쏟으셨던 아버님이 그립습니다.

## 양심에 따라 살아가기

정의로운 일을 하면서 사노라면 나 자신이 양심에 따라 살아가고 있음에 만족하기에 당당해집니다. 누구에게도 구차해지지 않죠. 사회를 지키고 빛내는 역할을 하고 있다고 생각하니 보람과 긍지를 가지게 되니까요. 그래서 정의로운 일을 하며 사는 사람의 마음은 항상 잔잔하고 편안하니 행복합니다.

"나 하나쯤이야!"라며 슬쩍 법을 어기는 일, "이 정도야 뭐! 남도 다 하는데…"라며 옳지 못한 행동을 하는 일, "그래도 나 정도면 이런 특혜는 당연히…"라며 받아들이는 일, "나는 되지만, 너는 안 돼!"라며 남에게 엄격하고 자신에게 관대한 일은 절대 하지 않아야 합니다.

명예나 부를 위해 정의롭지 못한 일을 저질렀었지만 요행히 정권에 줄이 닿아 높은 자리에 오르게 되었는데, 정작 인사청문회에서 그때까지의 잘못이 온 세상에 드러나 패가망신한 사람을 많이 봤습니다. 그런 사람이 과연 행복했을까요?

그러나 어떤 곳에서든 항상 정의로운 일을 한다면 당당하지요. 결코 불안하지 않습니다. 그러니 행복하게 살고 싶다면 정의로운 일을 하세요.

## 하고 싶은 일에는 꼬리표가 없습니다

일에 임하는 자세에 대해 사내 강의를 할 때 자주 사용하던 사례가 있습니다.

일단 강의실로 들어오면서 휴지를 슬그머니 바닥에 떨어트립니다. 그리고 강의를 하다가 "하고 싶은 일과 하기 싫은 일은 마음에 달렸다. 일 자체가 가진 속성이 아니다!"라는 대목에서 휴지 부근의 교육생에게 갑자기 이렇게 정색합니다.

"거기에 있는 휴지를 좀 버리고 오게. 어째 자네는 강의실에 휴지가 떨어져있는데도 그리 무심한가?"

그 교육생은 어리둥절한 표정을 짓고서 휴지를 주어 휴지통에 버립니다.

그러면 저는 또 이렇게 묻습니다.

"기분이 어떻던가?"

"네?"

"강의 도중에 갑자기 휴지를 버리라는 지시를 받은 느낌이 어떠냐는 말일세."

그러면 대개 이렇게 대답을 하더군요.

"아, 네~, 아무 생각이 없었는데요."

대답은 이렇게 했지만 사실 속으로는 다양한 기분이 들었을 겁니다. 예를 들면, '강의 도중에 웬 휴지를 버리라고 해? 좀 그렇잖아!' 같은 식이죠.

만약 그 교육생이 먼저 휴지를 주워 버렸다면 어땠을까요?

작은 일에 불과하지만 휴지를 스스로 주워서 버렸든, 지시를 받았으니까 어쩔 수 없이 버렸든, 휴지를 집어 휴지통에 버린 행위는 똑같습니다. 그러나 그에 따른 기분은 크게 다르죠. 지시에 따랐다면 수동적으로 움직이게 되었으니 가벼운 기분이 들 수 없겠고, 스스로 했다면 어쩐지 좋은 일을 했다는 만족감 같은 게 들겠죠.

### 하고 싶은 일과 하고 싶지 않은 일

'휴지 버리기'라는 작은 일도 누가 시켜서 하면 내키지 않는 일이 되지만, 미리 알아서 버린다면 즐거운 일이 됩니다. 그러니까 전자는 '하고 싶지 않은 일'이고, 후자는 '하고 싶은 일'이죠. 이렇듯 일에 임하는 마음가짐과 자세가 같은 일을 두 가지 방향으로 갈라놓습니다.

하고 싶은 일을 할 때는 더 열정적으로 하게 됩니다. 준비된 정신 자세와 능력으로 일에 임할 수 있으니 일에 더욱 몰입할 수 있고, 그래서 더 큰 보람과 성취감도 느낄 수 있으니 더 행복해집니다.

그러나 하고 싶지 않은 일을 억지로 하면 절대 행복할 수 없습니다. 그야말로 목구멍이 포도청이라 어쩔 수 없이 할 뿐이니 불행하달까요.

## 마음먹기에 따라 달라지는 일

하고 싶은 일만 하면서 살아갈 수는 없습니다. 때로는 하고 싶지 않은 일도 해야만 합니다. 그러나 일 자체가 '하고 싶은 일' 혹은 '하고 싶지 않은 일'이라는 속성을 갖고 있지는 않습니다. 그 일에 임하는 마음이 '하고 싶은 일'과 '하고 싶지 않은 일'로 갈라놓을 뿐이죠.

앞서 사례로 들었던 휴지를 버리는 일이 본질적으로 하고 싶은 일인가요? 아니면 하고 싶지 않은 일인가요? 그냥 마음가짐에 따라 같은 일을 '하고 싶지 않다' 또는 '하고 싶다'라고 느낄 따름 아니겠습니까. 그렇다면 해답은 절로 나오겠네요.

어차피 '처음부터 하고 싶지 않은 일'이란 없습니다. 그냥 '하고 싶은 일이다!'라고 마음을 바꿔 먹으면 '하고 싶은 일'이 됩니다. 물론 처음부터 하고 싶은 일을 하면 훨씬 행복하겠지요. 하지만 어차피 해야 할 일이라면 '하고 싶은 일'로 바꾸어야 행복하게 할 수 있습니다. "피할 수 없으면 즐겨라!"라는 말도 그래서 있는 거고요.

물론 말이 쉽지, '하고 싶지 않은 일'을 '하고 싶은 일'로 바꿔보기는 어렵습니다. 그런데 주어진 상황에서 일의 내용이나 방법을 내 뜻대로 조금씩 바꿔본다면 그게 가능해집니다. 자신이 생각해낸 자신만의 방법으로 일을 할 수 있으니까요. 그러니 일하는 방법을 능동적으로 바꾸어보세요.

이 책의 249페이지에 실린 '일을 잘한다는 평판 듣기'에는 하고 싶은 일을 만들어내는 방법이 소개되어있으니 이용해보시고요.

### 일하는 목적에 따라 달라지는 일

일의 목적인 '성취'와 '대가'는 균형을 이루어야 합니다. 그리고 일하는 목적을 어디에 두느냐에 따라 '하고 싶은 일'과 '하고 싶지 않은 일'로 갈라질 수 있고요.

일을 통한 성취를 주 목적으로 하면서 대가에 감사하는 사람, 그런 사람은 일을 찾아서 하고, 또 일을 즐거워합니다. 그런 사람의 삶은 행복합니다.

일의 대가를 주 목적으로 하면서 대가가 적다고 불평하는 사람, 그런 사람은 일하기가 힘듭니다. 심지어 일을 귀찮아하지요. 그런 사람의 삶은 행복할 수 없습니다.

일의 성취를 주 목적으로 하고 일한 대가에 감사할 때, 파랑새는 그런 사람의 품에 항상 안겨있습니다.

요즘에는 그러지 않겠지만, 제가 젊었을 때는 밤을 새워가며 일을 하는 경우가 많았습니다. 딱히 '야근 수당' 같은 게 나오는 것도 아니었는데 말이지요. 옳은 방법은 아니었지만, 어느 분야에서나 그렇게 일하는 걸 당연하게 여기던 시절이었죠.

제가 일하던 컴퓨터 소프트웨어 분야에서도 마찬가지였습니다. 당시 컴퓨터는 처리 용량도 부족하고, 처리시간도 느려서 직원들이 거의 매일 돌아가며 밤을 새야 했었거든요. 일단 컴퓨터 처리 용량이 궁금하시다면, 여러분이 쓰시는 스마트폰 처리 용량의 수백분의 1도 안 되었다고 보시면 됩니다. 더구나 스마트폰은 여러 건의 앱(작업)을 동시에 처리할 수 있지만, 그때 컴퓨터는 한 번에 한 건의 프로그램(작업)만 처리할 수 있었습니다. 예를 들면, 한 시간짜리 작업 10건을 처리하자면, 요즘에는 10건 모두를 동시에 처리할 수 있어 한 시간 남짓이면 일이 끝나지만, 당시에는 하나씩 처리할 수 밖에 없어서 10시간이 걸렸지요. 밤새기를 할 수 밖에요. 또한 처리 방법에 문제가 있었거나 잘못된 계획 때문에 이를 바로잡는 걸 서두르느라 밤을 샌 경우도 있었습니다.

그런데 특이하게도 하고 싶지 않은 일을 맡더라도 '하고 싶은 일'이라는 식으로 생각을 고쳐 먹으면 밤새기를 하면서도 즐겁고 행복하게 일할 수 있더군요. 뭐, '하고 싶은 일'에는 '꼬리표'가 없으니 가능한 거겠지요.

# 내 마음대로 일할 때 행복해집니다

어느 해였던가, 멘티와 특별활동을 준비할 때 있었던 일입니다. 멘티 팀장은 아주 성실하고 추진력도 훌륭했지만, 마음에 들지 않는 태도가 하나 있었습니다. 특별활동으로 MT를 가자는 의견이 모아졌기에 그 친구가 장소 두 곳을 정해왔습니다. 일을 완벽하게 하기 위해 대안까지 마련했더군요. 헌데 답답하고 마음에 들지 않는 일이 이때 발생했지요.

"멘토님, 경기도 가평이나 서해안 대부도 쪽이 좋은데, 어디로 갈까요?"

"그래? 그럼 자네는 어디가 좋은가?"

"글쎄요. 멘토님이 좋으신 곳으로….."

바로 이런 점입니다. 일을 진행할 사람이 자기만의 소신도 없이,

그저 다른 사람(상사)의 의견에 의지하거나 눈치를 보는 태도, 자신
감도 부족하고 일을 주도하지 못하는 태도 말이지요.

의사결정권자는 이렇게 소극적인 사람을 좋아하지 않습니다. 특
히, 일을 추진할 사람이 소신을 가지지 못하는 걸 보면 못마땅합니
다. 소신이란 자신이 굳게 믿는 것, 즉 자신감에 기반을 둔 자신의
생각이니까요.

사실, 의사결정권자도 어떻게 해야 할까 고민할 때가 많습니다.
그런데 틀리더라도 담당자가 자신 있게 소신을 주장하면 의사결
정에 도움을 받을 수 있지요. 그래서 의사결정권자는 소신 있는
사람을 좋아합니다. 그러니 그와 같은 경우에 놓인다면 이렇게 해
보세요.

"멘토님, 경기도 가평과 서해안 대부도 중에서 택했으면 좋겠는
데요. 대부도 쪽이 처음 가보는 친구도 많고, 바닷가이기에 더 재밌
을 것 같습니다. 멘토님 의견은 어떠세요?"

그러면 대부분의 의사결정권자는 이런 아랫사람의 제의에 따라
결정합니다. 아랫사람이 소신을 갖고 제안하는 의견을 택하면 자
기도 마음이 편하기 때문입니다. 아랫사람도 자신의 의도대로 일을
주도하며 신나게 일할 수 있고, 일을 하면서 얻을 수 있는 행복도
훨씬 커집니다.

### 자신감 가지기

'할 수 있다!'고 생각하는 마음, 즉 자신감은 자신에 대한 믿음입

니다. 어떤 일을 하게 되든 '할 수 있다!'는 자신감을 가지면 마음이 밝아지고 용기가 불끈 솟죠. 세상이 밝게 보이고, 희망에 가슴이 설렙니다. 행복해지는 것이죠. 그러니 일을 할 때는 '할 수 있다!'는 자신감을 가져야 합니다. 할 수 있다고 생각하면 할 수 있고, 할 수 없다고 생각하면 할 수 없으니까요.

자신감을 가지면 일을 할 수 있는 방향으로 생각하고 행동하게 됩니다. '못하겠다'는 생각을 가진다면, 즉 자신감을 잃으면 포기하기 위한 이유를 찾기 마련이고요. 어찌어찌 일을 하더라도 과정 내내 힘들고, 성공하기도 어렵습니다.

자신감은 긍정적 마음입니다. 긍정적인 사람은 "할 수 있어! 문제? 해결하면 돼!"라고 되뇌며 일을 성공시킵니다. 결국 자신감을 가진 사람만이 일을 성공시킬 수 있고, 행복하게 일할 수 있습니다.

### 주도적으로 일하기

일에 관한 생각을 분명히 함으로써 자신의 뜻대로 일하는 자세를 '주도적인 자세'라고 합니다. '주도적인 자세'는 일을 능동적으로 이끄는 태도이기도 하고요. 주도적으로 일하면 강한 책임감을 가지고서 상황을 장악할 수 있게 됩니다. 자신의 일에 대해 더 큰 보람을 느끼면서 행복도 더욱 커집니다. 주위에서 신뢰와 인정을 받을 수도 있고요.

주도적으로 일하면 어떤 일이든 잘해나갈 수 있습니다. 그러나 남의 뜻에 따라 마지못해 수동적으로 일하면 일하기가 싫어지잖아요. 스스로 할 수 있는 일인데도 남이 하는 대로 하려니 자존심이 상하기도 하고요. 결국 일을 하면서도 재미가 없으니 행복도 줄어 듭니다.

주도적으로 일을 하는 마음을 '주인의식'이라고 합니다. 주인이면 지금 하는 일이 자기 일인지라 주도적·능동적으로 하겠지만, 주인이 아니라 직원이면 그저 주인이 시키는 대로 일하지요. 물론 같은 일을 같은 방법으로 하더라도 주도적으로 하느냐 그렇지 않느냐에 따라 느끼는 행복에 큰 차이가 납니다.


### 선수필승(先手必勝)

선수필승이란 바둑의 격언입니다. 상대방을 계속 앞지른다면 반드시 이긴다는 말이죠. 사실, 어떤 일을 해보려는데 다른 사람이 나보다 먼저 해버리면 허탈해지잖아요. 내가 할 수 있었는데도 미적거린 탓입니다.

혹시 상황이 반전되어 그 일을 맡게 되더라도, '그 일은 다른 사람이 먼저 제안한 일'이라는 꼬리표가 붙어있지 않습니까. 주위 사람은 그렇게 말하지 않더라도 나 자신은 그런 질곡에서 벗어나기 힘들죠. 그런 상황에서는 적극성도 신바람도 보람도 적어지고, 행복도 반감되지요.

일은 남보다 먼저 제의하고 먼저 행동으로 옮겨야 합니다. 그래야 모든 공(功)이 온전히 내 것이 됩니다. 회의에서 좋은 안이 떠올랐지만 우물쭈물하다 다른 사람이 먼저 비슷한 의견을 말해버렸을 때의 아쉬움은 매우 크잖아요.

부산 피난 시절이던 초등학교 2학년 때의 일입니다. 무슨 연유였던지 같은 반 아이와 싸움을 했어요. 저와 말싸움을 하던 그 친구가 뒷걸음질을 치더니 갑자기 달려와 제 가슴을 밀쳤습니다. 저는 방비할 틈도 없이 가슴이 떠밀려 뒤로 나가떨어지고 말았고요. 저는 "으앙!" 하고 울었고, 그 친구는 의기양양하게 저를 내려다보고 있었습니다. 그 이후로 저는 그 친구에게 말도 제대로 못 붙일 정도로 기가 죽어지냈습니다. 다행히 3학년이 되면서 분교를 하게 되어 그 친구와 헤어졌지만, 함께 다녔더라면 6학년 때까지 그 친구에게 꼼짝하지 못했을지도 모릅니다. 선수필승의 중요함을 어렸을 때 깨우친 셈이죠.

이렇듯 인간의 모든 일은 먼저 손을 쓰는 사람에게 유리한 국면으로 전개됩니다. 그러니 일을 찾아서 남보다 먼저 하는 적극적인 사람, 활동적인 사람, 자율적인 사람, 주도적인 사람이 되라고 하는 거고요.

다른 사람이 제안한 일이나 제시한 방법으로 일하기보다, 내가 제안한 일을 내가 좋아하는 방법으로 할 때 훨씬 신나고 행복합니다. 즉, 내가 먼저 일을 만들어내고 일하는 방법을 찾아내어 소신껏 주도적으로 해야 훨씬 더 행복하게 일할 수 있죠.

## 몰입은 고도의 능력을 발휘하게 합니다

2010년경 피겨스케이팅의 여왕 김연아 선수가 한동안 그랬었고, 요즘에는 축구의 손흥민 선수가 대한민국을 행복하게 하고 있습니다. 김연아 선수가 몰입하며 빙상에서 연기하는 모습을 떠올려보십시오. 손흥민 선수가 빠른 속도로 공을 드리블하며 달려 나가는 모습도 떠올려보시고요. 강하고, 아름답고, 무아지경에 빠진 채 행복해하는 모습이 보이지 않습니까? 이들처럼 자기 일에 몰입하면 자신이 강하다고 느끼게 되고, 아름다워 보이고, 실제로 능력 이상의 힘을 발휘하면서 행복해집니다.

사실, 극한 상황에 처했을 때 평소에는 상상할 수도 없던 능력을 발휘했다는 사람들이 더러 있습니다. 제 아내도 중학생 때 그런 일을 겪었다고 하더군요. 아내는 몸도 작고 힘도 약한 편입니다. 그런 아내가 중학생 시절의 여름 방학 때였다고 합니다. 폭우로 큰물이 나서 집 앞의 개천이 범람했데요. 개천과 대문 사이에는 제법 넓은 터가 있었지만, 큰물은 삽시간에 흙을 파 내려가더니 급기야 대문도 쓸려 내려갈 지경에 이르렀다고 하더군요. 손을 쓸 수가 없었지만 아내는 장인어른과 함께 순간적으로 저쪽에 있던 바위를 들어다 대문을 막았고, 덕분에 겨우 위험한 고비를 넘겼답니다. 비가 그친 후 나중에 그 돌을 치우려 했는데 청년 셋이 달라붙어 겨우 옮겼다고 하더군요. 역시나 어떤 일에 몰입·집중하면 가진 능력 이상의 힘을 발휘하게 되나 봅니다.

그렇습니다. 일에 몰입하면 몰입 정도에 따라 최고조의 능력을 발휘하게 됩니다. 예를 들면, 학창 시절에 매일 도서관을 출입하며 열심히 공부만 하는 학생이 있는가 하면, 적당히 운동도 즐기고 잘 놀면서 공부하는 학생도 있잖아요. 그런데 평상시 잘 놀던 학생이 공부를 더 잘하는 경우가 있습니다. 몰입의 정도에 따라 성과가 달라지는 걸 잘 보여주는 사례죠. 일이나 공부에 몰입한다면 육체적으로는 피곤하고 힘들겠지만, 높은 성과를 거둘 수 있어 정신적으로는 행복해집니다.

1970년대 초 컴퓨터 프로그램을 제작하던 사원 시절, 만원버스를 타고 출근하면서도 머릿속은 복잡하게 돌아갔습니다. 어제 완성하지 못했던 컴퓨터 프로그램의 논리가 뱅글뱅글 맴돌고 있었기 때문이죠. 그래서 출근하자마자 관련 서류를 꺼내놓고 논리 설계를 시작합니다. 사무실에서 마음대로 담배를 피우던 시절이라 줄담배를 피우면서 일에 몰입했어요. 그런데 누군가 제 어깨를 툭툭 치더군요. 직장 선배였어요.

"점심 먹으러 가야지. 식음을 전폐하고 일만 할 거요?"

"어? 벌써 그런가요?" 하면서 재떨이를 보니 담배꽁초가 수북했습니다. 점심을 먹으면서도 '왜 그 논리에 오류가 있지? 왜 그럴까? 뭘 수정해야지?' 같은 생각을 골똘히 하느라 밥이 입으로 들어가는지 코로 들어가는지 모를 지경이었죠.

다시 오후 근무시간, 오전과 같은 현상이 반복됩니다. 누군가가 책상 앞을 지나며, "퇴근 안 해요?" 합니다. 재떨이에는 또 담배꽁초가 수북이 쌓여있고요. 이렇듯 일에 몰입했던 그때가 정말 행복하게 일하던 시절이었습니다.

어떤 일에든 몰입하게 되면 그 일에 관한 것 외에는 아무것도 떠오르지 않죠. 행복은 그럴 때 더해집니다. 몰입 상태에서는 어떠한 고통이나 괴로움도 느끼지 못하니까요.

물론 몰입 상태로 들어가는 게 그리 쉽지는 않습니다. 우선 '그 일을 해내고 말겠다!'는 마음가짐과, '할 수 있다!'는 자신감이 중요합니다. 분명하고 구체적인 목표도 설정해야 합니다. 일의 난이도를 능력에 맞춰 조절해야 하고요. 일의 결과도 바로 확인할 수 있어야겠죠. 어느 책에서는 명상을 함으로써 주의력을 집중시키는 훈련을 해보라고 권하더군요.

1980년대 초에 회사 전체의 정보화 계획을 수립하라는 임무를 받았어요. 3개월 안에 해내야 했습니다. 계획을 수립하기 시작했는데, 당시 국내에서는 사례도 구할 수 없고, 마땅한 외국 사례도 찾기 어려웠습니다. 답답했죠. 물론 다른 큰 회사가 어떻게 하는지 검토했지만, 그들은 그룹 계열사별로 각각 정보화를 추진하고 있어 그룹 회사 전체를 하나로 묶어보려는 제 의도에는 별 도움이 안 되더군요. 그렇게 한 달이 지나도록 아무런 가닥도 잡지 못하고 전전긍긍했습니다.

그러다 어느 날 갑자기 '정보의 홍수'라는 말에 생각이 꽂혔습니다. '정보의 홍수'라는 말에 몰입하자 생각이 생각을 낳더니 일반적인 홍수 대책과 '정보의 홍수' 대책을 비교하기 시작했지요. 그러니까 일반 홍수의 치산치수(治山治水) 대책을 '정보의 홍수'의 치산치수 대책으로 치환하는 발상을 한 겁니다. 비가 오더라도 홍수가 나지 않도록 산에 나무를 심듯, 회사 전체에 PC(개인용 컴퓨터)를 보급해 '정보의 홍수'를 현장에서 차단하는 전략을 구상한 거지요. 그 다음에는 대형 컴퓨터를 중심으로 하나의 통신망을 엮기로 했습니다. 큰물을 저장하는 댐을 만들 듯 대량의 정보를 처리할 수 있는 컴퓨터통신망을 구축하기로 한 거죠.

PC의 보급이나 컴퓨터통신망 구성은 오늘날의 회사에서는 가장 기본적인 일이지만, 40여 년 전에는 생각조차 힘든 일이었어요. 이는 "창의력이란 필요한 능력을 갖고서 일에 몰입할 때 얻어진다"는 걸 깨달았던 때이기도 했습니다. 그리하여 아주 멋진 그룹 정보화 중장기 계획을 수립했고요.

이렇듯 당시 국내에서는 추진해본 일이 없는 새로운 정보화 계획

덕분에 다른 그룹들을 단숨에 앞지를 수 있었습니다. 즉, "하고 싶은 일을, 하고 싶은 대로" 집중·몰입하면서 능력 이상의 발상을 할 수 있었던 거죠. 일을 통해 엄청나게 많은 행복을 이끌어낸 사례이기도 하고요.

'몰입'에 대해 더 깊이 공부하고 싶으신 분에게는, 미하이 칙센트미하이 교수의 『몰입의 즐거움』을 권해드리겠습니다.

# 능력은 꿈을 이루는 열쇠

일을 잘하려면 능력을 갖춰야 하고, 남보다 앞서려면 능력을 더욱 키워야 합니다. 능력이 쌓이면 '할 수 있다!'는 자신감이 생기고, 그래서 쌓인 능력이 출중해지면 다른 사람들의 귀감도 되고 사회적 위상도 높아져 존경을 받을 수 있기에 행복해집니다. 이런 이유로 조직 구성원들의 능력을 향상시키는 일도 하는 거고요.

물론 이런 일의 목적은 업무의 효율과 성과를 높이려는 거지만, 교육을 통해 구성원의 행복을 크게 해줄 수도 있기 때문입니다.

저는 전공 분야가 네 가지나 됩니다.

첫 번째 전공은 대학을 다닐 때의 화학이었습니다. 화학이 좋아 행복하게 공부하며 대학생활을 충실히 했죠.

두 번째 전공은 실무자로 일할 때의 컴퓨터 소프트웨어였습니다.

학교전공으로 취업을 한 뒤, 우연한 기회에 컴퓨터 소프트웨어를 공부하게 된 덕분이었지요. 당시에는 신기해 보이는 첨단 분야였고, 적성에도 맞아 밤을 새워가며 정말 재미있게 일했습니다.

세 번째 전공은 경영 관리였습니다. 경영 관리는 그동안의 제 전공과는 거리가 먼 분야였지만, 기업의 응용 소프트웨어를 다루면서 경영 실무를 속속들이 파악해왔기에 할 수 있었습니다. 덕분에 관리자가 된 이후로 20년 이상 경영 관리를 주 분야로 삼았습니다.

마지막 네 번째 전공은 인생의 제1막이 끝난 이후부터 공부해온 '행복'입니다. 행복을 다루는 '행복학'은 심리학의 한 분야더군요. 젊어서부터 관심이 많았던 '행복한 삶'의 구현 방법을 찾아보려고 책을 읽고, 생각하고, 제 나름대로의 실험도 해보며 독학을 했습니다. 아직 완성하려면 멀었지만, 나름대로 조그마한 방법을 발견해 이를 정리하고 있고요. 그 첫 번째 결실이 바로 이 책입니다.

물론 제일 마음에 드는 전공이 바로 이 네 번째 전공인 '행복'입니다. 모든 사람이 추구하는 최고의 가치를 공부할수록 저 자신도 행복하게 살 수 있게 되었으니까요. 당연하지만, 제가 행복하게 살아올 수 있었던 비결은 이 네 가지 전공 모두를 통해 얻었던 능력이었습니다. 처음 세 가지 전공은 젊어서의 일과 삶을 뒷받침하기 위한 능력이었고, 마지막 전공은 은퇴 이후에 행복하게 살 수 있는 방법을 실천할 수 있게 해주는 능력이었죠.

지금까지 많이 언급한 '능력'의 의미는 구체적으로 뭘까요? 능력은 지식인가요? 경험인가요? 아니면 현실적인 어떤 힘인가요? 능력에 관해서는 이 책의 215페이지에서부터 나오는 '행복이야기 다섯 번째 – 꿈을 이루기 위한 능력 키우기'에서 상세하게 이야기하겠습니다.

다시 한 번 강조하자면 능력을 갖추면 자신감이 커지고, 일의 효율과 성과가 높아지며, 다른 사람의 모범이 될 수 있고, 사회적 신분이 높아지면서 존경을 받게 되며, 그리하여 큰 행복을 누릴 수 있습니다.

# 연속되는 성취, 연속되는 행복

꿈만 갖고 있더라도 가슴이 설레고 행복합니다. 꿈을 이루기 위한 일을 시작했을 때 가슴은 뛰기 시작하고요.

그런 일을 해나가는 과정에서 다양한 행복을 누릴 수 있습니다. 일을 끝내면 '성취감'이라는 더 큰 행복을 누리게 되고요.

한 가지 일에서 성취감을 더 자주 누리고 싶나요? 그렇다면 목표를 단계별로 나누어 잡고서 하나씩 달성해나가도록 계획하면 됩니다. 그렇게 나누어 잡은 목표가 하나씩 달성될 때마다 연속으로 성취감을 누릴 수 있으니까요. 성취감을 연달아 맛보게 되면 삶이 완성되어간다고 느끼게 되면서 행복도 연달아 누릴 수 있게 됩니다.

저는 지금 이 글을 한 개의 '차례' 파일과 10개의 내용 파일들로 구분해 써나가고 있습니다. 이렇듯 글쓰기의 구획도 지어지고, 한

파일 한 파일 완성할 때마다 "아, 또 한 부분을 완성했구나!" 하는
성취감도 누립니다. 그러니까 적어도 총 10번 이상 성취감을 누릴
수 있죠.

## 80퍼센트 계획으로 100퍼센트 달성

오래전에 외국 사람과 나누었던 대화가 떠오르네요.

한국 사람은 처음부터 100퍼센트 계획을 세우고 이를 달성하려고
갖은 애를 쓴다더군요. 그러면서 그 사람이 제의하기를 먼저 80퍼
센트의 목표만 세워서 100퍼센트 달성하고, 또 나머지의 80퍼센트
를 계획해 100퍼센트를 달성한다면 일하기도 쉽고 품질도 훨씬 더
좋아질 수 있다고 하더라고요.

그 이야기를 듣고 나니 부끄러워지더군요. 사실 그때는 거의 모
든 일을 그렇게 밀어붙이며 처리했으니까요. 어떨 때는 완료일까지
정해놓고서 거기에 일정을 맞추기도 했습니다. 그러다 완료일에 다
가가면 모두 나서서 밤을 새우느라 난리였고요. 그 외국 사람의 말
대로 목표를 나누어 추진했다면 달성의 기쁨도 여러 번 누렸을 테
고, 완료일에 접근하면서 밤을 새우는 불필요한 노력도 하지 않았
을 겁니다. 좀 더 여유를 가지고서 꼼꼼하게 만드니까 품질도 훨씬
더 좋아졌을 테고요.

작은 목표를 정하고 일을 나누고서 차근차근 추진한다면, 성취감
을 연달아 누릴 수 있습니다. 그러니 일을 한꺼번에 해치우겠다는
욕심을 버려야 합니다. 그런데 우리나라 사람들은 산업사회를 겪으

면서 처음부터 100퍼센트 달성을 목표로 도전해왔지요. 도전정신은 좋지만 마지막 20퍼센트 때문에 겉으로는 일이 완성된 듯 보여도 실질적으로는 완성되지 않은 경우가 허다했습니다.

그렇더라도 건설공사와 같은 물리력으로 하는 일이라면 많은 사람을 동원하고 밤을 새워 해낼 수는 있습니다. 물론 그에 따른 부실공사 문제도 많이 발생했고요. 그런데 소프트웨어 개발과 같은 합리성과 섬세함이 필요한 일에서도 그렇게 했으니 반성해야 할 일이죠. 합리성과 섬세함이 필요한 일의 과정이 매우 거칠었으니, 품질과 상품가치가 저하되면서 사용자의 불만이 폭주할 수 밖에요.

어느 해 연말 회식자리에서였습니다. 이런저런 이야기를 나누던 도중 갑자기 떠오르는 생각이 있어 앞에 앉아있던 윗분에게 설명했죠. 각 자회사의 직원들은 늘 자기네 제품 · 서비스와 관련된 고객의 반응을 자주 접합니다. 그런 걸 무심히 흘려보내지 말고 수집 · 분석하면 좋은 시장정보를 갖출 수 있다는 생각이었습니다. 요즘말로 하면 '영업 현장의 빅데이터 분석 시스템'을 만들자는 아이디어였지요.

그분은 좋은 생각이라고 칭찬하시며, 당장에 그런 시스템을 개발하자고 했습니다. 저도 새로운 시스템 개발의 욕심이 생겨 곧 관련 계획을 세워보겠다고 했고요. 기간이 얼마나 걸리겠느냐고 물으시니, 별로 어려운 시스템은 아니라 판단되어 '3개월 정도'면 완성할 수 있겠다고 답했습니다. 그러자 그분은 뚱한 표정을 짓고서 이렇게 말씀하시더군요.

"왜 그리 오래 걸려? 한 달 만에 안 되겠나? 자네 능력 있잖아."

이렇게 저의 오기를 자극하시니, 마침 회식자리라 술도 몇 잔 마셔서 판단이 흐려진 판에 자존심도 움직여서 해서는 안 될 약속을 하고 말았습니다.

"알았습니다! 다음 달부터 사용할 수 있도록 하겠습니다!"

결국 저를 비롯한 네 명이 달려들어 밤을 새워가며 그 시스템을 완성하고, 다음 달부터 사용하기 시작했습니다. 완성 직후에는 상당한 성취감을 누렸지만, 문제는 그때부터 발생했습니다.

지금과 같은 인터넷이 아니라 전화선으로 컴퓨터통신을 할 수 밖에 없던 때라 전국에서 자료가 입력되기 시작하자 전체 통신망에 부하가 걸리기 시작한 거죠. 입력하기도 불편했고, 입력시간도 너무 길어서 사용자들의 원성이 자자했습니다. 하지만 어찌할 도리가 없었죠. 결국 그 문제를 해소하기 위해 또 수많은 사람들이 몇 개월 더 고생해야 했습니다.

처음부터 충분한 시간을 갖고서 계획했더라면 개발하는 사람도 고생을 덜 했을 것이고, 발생 가능한 문제도 미리 파악해 조치할 수 있었겠죠. 무엇보다 수많은 사용자들을 고생시키지 않았을 겁니다.

그러니 일정을 충분히 잡고서 일을 나누어 계획하고, 차근차근 진행하세요. 그렇게 해나간다면 일의 완성도가 높아집니다. 일하는 사람도 더 큰 성취감을 누리며 일을 행복하게 끝마칠 수 있고요.

## 몫 나누어 해치우기

지난날 우리나라 사람들은 일을 하면서 얻을 수 있는 행복(성취감)보다는 오로지 목표 달성만을 추구했던 것이 사실입니다. 이는 우리 국민의 행복지수가 중하위권에서 맴도는 원인 중 하나고요. 반복하는 이야기지만, 일을 하다 보면 많은 행복을 누리게 됩니다. 그러니 성과만 쫓으며 일하는 낡은 습관을 버려야 합니다. 그런 건 지나간 산업사회 때의 가치관일 뿐이니까요.

컴퓨터 소프트웨어 개발 과정에 '분할과 정복(devide & conquer)'이라는 개념이 있습니다. 예를 들면, 복잡한 업무는 업무 내용을 파악하는 일도 어렵습니다. 그런 어려운 일을 통째로 분석·설계하려고 대들었다가는 시작부터 난관에 부딪칩니다. 이럴 때 적용하는 개념이 '분할과 정복'입니다. 풀어 쓰자면 '몫 나누어 해치우기'랄까요.

그러니까 일을 계획할 때에는 항상 일을 적절하게 구분한 뒤 몫을 나누고 하나씩 진행해야 합니다. 그러면 아무리 어려운 일도 쉽게 할 수 있고, 진척도도 잘 파악할 수 있으며, 일하는 기간도 짧아집니다. 무엇보다 일을 한 건씩 끝낼 때마다 성취감을 맛보면서 다음 일도 행복하게 진행할 수 있죠.

오늘날은 감성적 가치가 중요한 정보화사회입니다. 즉, 일하면서 얻을 수 있는 행복(성취감)에 초점을 맞춰가며 일을 관리해야 합니다. 조직 구성원들 모두가 행복하게 일할 수 있는 환경을 조성하면 효율과 성과도 저절로 높아지고요. 그러니 조직 구성원들이 행복하게 일할 수 있도록 조직을 정비하고, 행복하게 일할 수 있게 해주는 전략도 개발해야 합니다. 선진국에서는 그런 일을 전담하는 '최고 행복 담당 중역(Chief Happiness Officer, CHO)'이라는 직책도 두고 있죠. 우리나라도 그런 제도를 시급히 도입해야 합니다.

## 신뢰, 쌓는데 10년 잃는데 10분

조직 구성원들이 자기가 몸담고 있는 조직에 가장 바라는 건 자신에 대한 신뢰라고 합니다. 자신을 믿고 일을 맡겨달라는 거죠. 사실, 다른 사람에게서 자신의 자질이나 능력에 대해 의심을 받는다면 자존심이 상하죠. 당혹스럽기도 하고, 수치스러움에 자괴감도 드니까 행복할 수 없습니다. 심지어 그 조직에서 더 이상 일할 수 없게 될 정도로 우울증에 시달리기까지 합니다.

신뢰를 쌓으려면 세 가지 조건을 갖춰야 합니다. 일에 임하는 의식 · 자세, 일과 관련된 약속, 그리고 일의 결과 · 품질이 그겁니다. 그런 세 가지 조건을 모두 갖춘다면 신뢰를 받을 수 있습니다. 물론 이 세 가지 조건을 충족시켜 신뢰를 받으려면 시간이 필요하죠. 그래서 신뢰는 하루아침에 쌓을 수 있는 게 아니라고 하는 거고요. 그러나 신뢰를 잃는 건 한순간에 가능하니 신중해야 합니다.

## 일에 임하는 의식과 자세

신뢰 구축의 첫 번째 조건은 일에 임하는 '의식'과 '자세'입니다. 일에 적극적 · 진취적 자세로 임한다거나, 성실하다든가, 소신을 갖고 일에 임하는 모습을 보여야 신뢰를 받을 수 있습니다.

즉, 지금 읽고 있는 '행복이야기 네 번째 – 올바르게 일하기'의 내용을 실천한다면 바로 신뢰를 구축할 수 있죠.

## 일과 관련된 약속

신뢰 구축의 두 번째 조건은 약속을 잘 지키는 것입니다. 당연히 약속 내용과 약속시간을 모두 잘 지켜야 합니다. 예를 들면, 만남의 약속, 업무 이행의 약속, 채무 변제의 약속, 납품 약속, 보고서 제출 약속 등을 말이죠.

더군다나 '약속을 지키는 일'은 신뢰 상실의 절대적 요인이기도 합니다. 잘 쌓아왔던 신뢰가 어쩌다 지키지 못한 단 한 번의 약속으로 무너지는 일이 많잖아요. 일에 대한 의식과 자세가 올바를지라도 일과 관련된 약속을 어긴다면 불성실해 보이니까요.

그러니 지키지 못할 약속은 숫제 하지 말고, 약속한 일은 반드시 지켜야 합니다. 혹시 약속을 지킬 수 없다고 판단되면 미리 연락해 양해를 구해야 하고요. 그렇더라도 그런 일이 한두 번으로 그쳐야지, 반복되면 역시 신뢰를 잃게 됩니다.

고등학생 시절부터 친한 친구가 있습니다. 지방에 사는 친구인데 몇 년 전 모처럼 서울에 올라왔기에 반갑게 만나 식사도 하며 오랜만에 회포를 풀었습니다. 헤어질 무렵 그 친구는 얼마 후에 있을 다른 친구의 아들 결혼 축의금을 전달해달라며 제게 맡겼습니다. 그리고 두어 달이 흘렀습니다. 그 친구가 전화로 축의금을 전달했느냐고 묻더군요. 그때서야, '아차!' 그만 그 친구 이름으로 축의금을 전달하겠다는 약속을 까맣게 잊고 있었음을 깨달았습니다. 어떻게 하겠습니까? 저는 두 친구 모두에게 사과하고 뒤늦게 축의금을 전달했죠. 얼마나 민망하고 멋쩍었던지…. 지금 떠올려봐도 아주 곤혹스럽습니다.

문제는 그 다음입니다. 그 친구는 그 이후 한 번도 제게 경조금 전달을 부탁하지 않았습니다. 그 친구는 경조금 전달에 있어서는 저를 신뢰할 수 없게 된 거겠죠. 간단한 일이었는데도 저는 약속을 지키지 못해 신뢰를 잃고 만 겁니다.

### 일의 처리 결과

일을 수행해 얻은 결과와 품질은 신뢰 구축의 필수 조건입니다. 그래서 일에 임하는 의식과 자세가 바르고, 약속시간을 잘 지킨다면 신뢰를 받는데 일단은 문제가 없지요.

그런데 일을 처리한 결과가 좋지 않다면? 아마 처음에는 서툴러서 그러려니 하면서 교육도 시키고, 일하는 걸 직접 지켜보면서 가르쳐주려고 할 겁니다. 하지만 그런 일이 반복되면 "사람은 믿을만한데 일하는 거는 별로야"라며 중요한 일은 맡기지 않습니다. 신뢰를 거둬들이는 거죠.

## 신뢰와 인정

학생들에게 제출날짜를 지정하고 과제를 주었을 때, 어떤 학생은 무슨 일이 있더라도 그날까지 과제를 제출하지만, 또 어떤 학생은 날짜를 안 지키고 "죄송합니다!"를 연발합니다.

물론 기일 내에 제출하는 학생은 예쁘게 보이니까 한 가지라도 더 검토해 의견을 보내주고 싶습니다. "죄송합니다!"를 연발하는 친구에게는 그저 적당히 검토해주게 되고요. 내용이 제법 괜찮더라도 그조차 "남이 써준 걸 베낀 게 아닐까?" 싶더라고요.

이렇듯 신뢰는 크고 중요한 일로가 아니라 오히려 작고 간단한 일로 쌓을 수도 있고 잃을 수도 있습니다.

'신뢰를 받는다'는 말은 '인정을 받는다'는 말과 같습니다. 조직에서 신뢰와 인정을 받으면 조직의 의사결정에도 내 의견이 자주 반영됩니다. 적절한 책임을 맡아 자율적으로 일할 수도 있고요. 칭찬도 자주 받고, 승진도 남보다 빨리 할 수 있고, 연봉도 남보다 더 높게 받을 수 있습니다. 당연히 다른 사람보다 더 행복하게 일할 수 있습니다.

# 제4행복설계 - 올바르게 일하기

올바르게 일하려면 다음과 같은 여섯 가지 질문에 정확하게 대답
할 수 있어야 합니다.

① 왜 일을 해야 하는가?
② 나는 누구인가?
③ 직장이란 어떤 곳인가?
④ 언제 일해야 하는가?
⑤ 무슨 일을 해야 하는가?
⑥ 어떻게 일해야 하는가?

이 질문들에 대답하는 건 간단히 할 수 있지만, 구체적 실행 방법

을 찾기는 쉽지 않습니다. 대개 '다짐'을 하는 선에서 그치더군요. 그렇더라도 "나는 이렇게 하겠다!"라고 자기 스스로에게 강력하게 선언한다면 마음에 다져질 겁니다. 그래서 '제4행복설계 – 올바르게 일하기'를 제시합니다. 이로써 일에 임하는 마음가짐을 다지고 각오도 세웁시다. 그러면 행복하게 일할 수 있게 될 겁니다.

212페이지의 표에서처럼 일에 임하는 생각과 자세를 기록해보는 것만으로도 올바르게 일하기 위한 훌륭한 삶의 원칙을 세울 수 있습니다.

물론 '생각의 구분'은 적절하게 더 세분하거나 통합해도 좋습니다. '구체적 활동 계획과 다짐'에는 해보고 싶은 활동이나 다짐을 구체적으로 기록하면 됩니다. '일을 잘한다는 평판 듣기'의 세 가지 항목은 이 책의 249페이지에 실린 '더하기–일을 잘한다는 평판 듣기'를 참조하기 바랍니다.

## 제4행복설계 - 올바르게 일하기

| 생각의 구분 | | 활동 방법과 다짐 |
|---|---|---|
| 왜 이 일을 하고 있는가? | | |
| 내가 일하는 직장은 어떤 곳인가? | | |
| 나는 누구인가? | | |
| 무슨 일을 할 것인가? | 정의로운 일 하기 | |
| | 하고 싶은 일 하기 | |
| 어떻게 일할 것인가? | 주도적으로 일하기 | |
| | 일에 몰입하기 | |
| | 능력 키우기 | |
| | 성취감 느끼기 | |
| | 신뢰와 인정 받기 | |
| 일을 잘한다는 평판 듣기 | 일에 앞서 생각하기 | |
| | 일하는 과정 | |
| | 일 처리 방법 | |

# 꿈을 이루기 위한 능력 키우기

마음속에 꿈을 간직하고, 그 꿈이 이루어지기를 간절히 원하면 반드시 이루어집니다. 무의식적으로 그 꿈을 이루기 위해 스스로 노력하기 때문입니다. 그러나 아무리 마음속 깊이 간직된 꿈이라도 저절로 이루어지지는 않습니다. 꿈을 이루기 위해 노력하지 않으면 어떤 꿈도 이룰 수 없습니다.

꿈을 이루기 위한 노력이란 무엇보다 꿈을 이루는데 필요한 능력을 갈고 닦는 일입니다. 행복이야기 다섯 번째는 꿈을 이루는데 필요한 능력에 대한 이야기입니다.

## 꿈을 이루기 위한 능력

고등학교를 졸업하고 첫 번째 대학 입학시험에 낙방한 후 몇 개월간 중학 과정 야학에서 교육봉사를 했었습니다. 집안 형편 때문에 중학교를 가지 못한 학생들을 위한, 그야말로 천막 속의 야학이었죠. 처음에는 목이 쉬어 말하기조차 어려웠는데, 시간이 지나자 학생을 가르치는 일이 여간 재밌어야 말이죠. 그래서 당시에는 교육 분야의 일로 나가는 걸 생각해보기도 했지요.

야학의 경험으로 사람들 앞에 나서서 망설이지 않고 발표할 수 있는 자신감을 가질 수 있게 되었습니다. 이후 발표할 기회가 있으면 항상 제가 먼저 발표자로 나서곤 했고요. 다른 사람은 머뭇거리며 발표자 되기를 꺼려했는데, 저는 사람들 앞에서 설명하는 일이 재미있었고, 발표 자료를 준비하면서 누린 행복도 컸기 때문입니다. 사회에 나온 이후로는 소프트웨어가 주 분야였기에 제품설명회나 사용법을 교육할 기회가 많아 특기를 자연스럽게 잘 살릴 수 있었죠.

지금도 그렇지만 소프트웨어는 첨단 분야였기에 젊은 사람들이 선호했습니다. 그래서 자연스럽게 항상 젊은이들과 교감하며 지낼 수 있었고요. 덕분에 젊은이들과 미래에 대해 대화하면서 큰 즐거움을 누릴 수 있었죠.

그런데 우연한 기회에 '경영코칭'이라는 기법을 배울 수 있었습니다. 경영코칭이란 기업에서 경영상의 문제가 생겼을 때 담당자가 생각의 범위를 넓혀 스스로 문제를 해결하도록 도와주는 일을 이릅니다. 이를 배운 후에 곧바로 경영코치로 활동하지는 않았습니다만, 고민하는 젊은이의 사고 영역을 넓혀주는데 아주 잘 활용할 수 있었습니다. 기대하지 않았던 상담 능력을 익히게 된 거죠.

저는 젊어서부터 행복에 관심이 많았습니다. 은퇴 이후에는 이를 주제로 공부도 했고요. 행복의 정의도 요약해보고, 행복하게 살 수 있는 방법도 연구해보고, 행복한 삶을 설계할 수 있는 방법도 구상해보았습니다. 그와 같은 일련의 일들이 왜 저에게 하나씩 다가왔는지는 잘 모릅니다. 전혀 계획하지 않았던 일이니까요. 그냥 살아오면서 관심을 가지다 보니 하나하나 하게 되었을 뿐입니다.

그러고 보면 그런 능력들이 하나의 일을 하기 위해 모였다는 생각이 듭니다. '하나의 일'이란 앞서 소개했던 대학생들을 위한 멘토링이고요. 신앙을 가지신 분이라면 신이 제게 '멘토링'이라는 소임을 맡기기 위해 재능을 부여해주셨다고 할지도 모릅니다.

어쩌면 그 옛날 야학 시절에 꿈꿔봤던 학생들을 가르치는 일이 마음속 깊이 꿈으로 남아있었는지도 모릅니다. 그 꿈을 위해 저도 모르게 노력했던 것일지도요. 그래서인지 멘토링은 제가 평생 해본 일 중에서 가장 보람 있고, 가장 행복한 일이 되었습니다. 처음부터 교육자가 될 꿈을 꿨더라면 좀 더 짜임새 있고 알차게 준비해 훌륭한 교육자가 될 수도 있지 않았을까 싶네요.

## 능력의 정의

'능력'은 일상에서 자주 쓰는 단어죠. "능력 위주의 사회다", "능력 있는 사람이 되어라" 같은 식으로요. 그런데 그 '능력'이 구체적으로 무엇인지 설명하기는 그리 쉽지 않습니다. 일단, 이 사회가 요구하는 능력이 어떤 능력인지 명확하지 않잖아요. 더구나 자신의 꿈을 이루려면 어떤 능력이 필요한지를 파악하는 것도 만만치 않지요. 그래서 젊은이들이 저토록 헤매는 거 아니겠습니까. 그렇지만 자신에게 필요한 능력을 파악해야 그 능력을 체계적으로 갈고 닦을 수 있습니다.

사실, 학교 공부만 열심히 한다고 해서 모든 능력이 갖춰지는 건 아니죠. 능력은 주로 기술과 기능을 포함하는 '지식' 그리고 '경험'을 말하니까요. 그러나 제가 보기에 지식과 경험은 가장 기본적인 능력이지만, 갖춰야 할 능력의 일부에 불과합니다. 꿈을 이루기 위해, 훌륭한 사람이 되기 위해, 나아가 행복한 사람이 되기 위해 필요한 능력이라면 달리 생각해봐야 합니다.

그럼 이제부터 꿈을 이루기 위해 필요한 능력에 대해, 그리고 능력 수준을 가늠하는 방법에 대해서도 이야기해보겠습니다.

저는 누구에게나 반드시 필요한 능력을 다음처럼 다섯 가지로 구분합니다.

① 철저한 자기 관리 능력
② 좋은 인간관계 맺기 능력
③ '신언서판(身言書判)'으로 집약되는 품위 있는 자기 표현 능력
④ 기술과 기능을 포함하는 지식과 경험
⑤ 미래를 위한 참신한 창의력

# 철저한 자기 관리 능력

학력도 좋고 여러 재능도 갖고 있지만 자신감을 상실하고 있다거나, 육체적·정신적으로 건강하지 못하다거나, 윤리적·도덕적으로 옳지 못한 행동을 하는 사람을 유능한 사람, 훌륭한 사람이라 할 수는 없지요. 다른 어떤 능력보다도 앞서 갖춰야 할 것은 자기를 관리할 수 있는 능력입니다. 유능하고 훌륭한 사람은 모두 자기 관리를 철저하게 하니까요. 그래서 철저한 자기 관리 능력을 키우는 일이 절대적으로 필요합니다.

인터넷을 일반인들도 쓰기 시작할 무렵, 인터넷 관련 사업을 시작하려고 준비하던 어느 날 아침이었습니다. 출근하자마자 컴퓨터를 켜고 있는데 전화가 울렸습니다.

"인터넷이 연결 안 되는데 알고 있어요?"

윗분의 전화였습니다.

"네? 그랬습니까? 즉시 확인해보겠습니다!"

전화를 받으며 인터넷을 확인했는데 이상이 없더군요.

"인터넷에 이상이 없습니다. 잘 연결되고 있는데요."

"잘되긴 뭐가 잘돼!? 확인하고 연락하세요!"

담당 부서장에게 무슨 일이 있느냐고 물었더니 국내용 인터넷망은 이상이 없는데, 해외와 연결되는 인터넷망, 특히 해외에서 들어오는 통신선로에 문제가 발생했다고 하더군요. 인터넷 통신선로를 관리하던 회사에서 담당자의 실수로 선로가 단절되었고, 다시 연결하는데 얼마나 걸릴 지 예측이 어렵다고 했습니다. 저희 내부의 잘못으로 인한 문제가 아니라 외부에 있던 통신회사가 문제를 일으켰던 거죠. 상황 파악이 끝났기에 그분에게 보고했더니, 이런 질책들을 쏟아놓으시더군요.

"책임자가 인터넷망이 끊어진지도 모르고 있었어요!? 그래 갖고 앞으로 어떻게 인터넷 사업을 하려고 해요!?"

매우 당황스러웠습니다.

하지만 그분은 인터넷으로 외국과 빈번하게 중요한 연락을 취하던 중이었더군요. 더구나 외국에서 먼저 인터넷 연결이 안 된다고 했으니 충분히 화가 날만 했다고 이해했습니다. 그러는 중에 그분에게서 짧은 이메일이 들어 왔습니다.

"아직 연결 안됐어요?"

"네, 아직…."

"뭐 하고 있어요?!"

이런 식이었고, 저는 어떻게 응대해야 할지 몰라 막막했습니다.

그 뒤 몇 분마다 그분에게서 메시지가 한 통씩 들어왔습니다. 처음에는 당황했었고, 조금 더 반복되자 난감해졌고, 그 이후에는 저도 화가 나기 시작했습니다. 자괴감·굴욕·분노 등에 휩싸여 안절부절 못했던 거죠. 그런데 어느 순간부터 제 마음이 이상하게 차분히 가라앉기 시작했습니다.

'그런다고 끊어진 통신선로가 저절로 이어질 리도 없지 않습니까!? 나는 그저 내 할 일이나 차분하게 열심히 할 터이니, 마음대로 하십쇼!'

이런 오기가 생기면서 메시지에 일일이 답변도 하지 않았습니다. 결국 상당히 많은 메시지를 받은 후에야 통신선로가 재개통되었고, 사건은 종료되었습니다.

그 뒤 제게 대단히 큰 변화가 일어났습니다. 아무리 어려운 일이 생기더라도 마음을 편히 갖고서 문제를 어떻게 해결할지에만 몰두하기 시작한 것이죠. 모든 상황을 긍정적으로 볼 수 있도록 제 자신을 통제할 수 있는 능력이 생겼다고 할까요. 아마 강한 정신적 충격으로 단련되어 긍정적 마음의 문이 열린 건 아닌가 싶네요.

자기 관리 능력은 이미 '행복이야기 두 번째 – 자신에게 충실하기'에서 충분히 검토한 주제이기도 합니다. 그러니 자기 관리 능력을 키우고 싶으면 이 책의 267페이지에 실린 '제2행복설계 – 자신에게 충실하기'에서 정리한 내용을 참조하여 꾸준히 실천하세요.

## 좋은 인간관계 맺기 능력

세상의 모든 일은 사람과의 관계로 이루어집니다. 능력이 뛰어나더라도 친절하지 않거나, 사랑할 줄 모르거나, 칭찬하지 않거나, 감사할 줄 모르거나 용서할 줄도 모르는 사람더러 훌륭하다거나 유능하다고 하지는 않잖아요. 훌륭하고 유능한 사람일수록 좋은 인간관계 맺기 능력을 갖고 있습니다.

저희 부부는 결혼 후 오랫동안 어머니를 모시고 살았습니다. 어머니는 저희 부부에게 가끔 화를 내기도 하셨는데, 왜 화를 내셨는지를 말씀하시지 않을 때가 있었어요. 그럴 때마다 며느리가 무조건 "어머니, 제가 잘못했어요. 화 푸세요" 하고 한참 아양을 떨면 마지못해 화를 푸셨습니다.

어느 휴일에 저희 부부가 "영화 보고 올게요"라 말씀드리고 외출

했습니다. 오랜만에 나간 터라 저녁을 지을 시간보다 조금 늦게 돌아왔습니다. 그랬더니 어머니는 "늙은이한테 저녁도 안 해줄 참이냐!?"며 화를 내셨습니다. 그때에는 저녁이 늦어져서 그러셨나보다 했죠. 몇 달 후 좋은 영화가 있어서 개봉 며칠 전에 어머니께 말씀을 드렸습니다.

"이번 토요일에 영화를 보러 가려는데, 어머니도 같이 가실래요?"

"나는 안 갈란다. 너희들이나 다녀오너라."

결국 토요일에 다녀오겠다고 말씀드린 후 영화를 보러 갔습니다. 그날도 조금 늦었지만 어머니는 오히려 웃으시며 "영화가 재밌더냐?" 묻기도 하셨고, "밥은 내가 해놨다"고도 하셨습니다. 어머니는 우리 부부가 나가기 직전에 통보만 하지 말고 사전에 의논해주기를 바라셨다는 걸 그제야 깨달았지요. 즉, 어른인 당신의 자존심을 우리 부부가 존중하지 못한 점에 화가 나셨지만, 그 이유를 말씀하시기는 곤란하셨던 겁니다.

그렇듯 사람의 속마음을 이해하는 것은 대단히 중요합니다. 그리고 상대방을 이해할 수 있어야 배려할 수 있고, 나아가 사랑할 수도 있습니다. 그런 사소한 일이 인간관계를 원만하게 할 수도 있고, 위태롭게 할 수도 있고요.

좋은 인간관계 맺기 능력은 '행복이야기 세 번째-좋은 인간관계 만들기'에서 검토했던 주제입니다. 이 책의 271페이지에 실린 '제3 행복 설계-좋은 인간관계 만들기'사례를 참조하여 실천한다면 행복도 얻고, 훌륭한 인간관계 맺기 능력도 키울 수 있습니다.

그러니 주위 사람에게서 애써 행복을 구하지 말고, 다른 사람들을 먼저 행복하게 해주려고 노력해보세요. 그럴수록 내가 더 행복해집니다. 그렇게 할 때 인간관계 맺기 능력도 크게 강화되고요.

다시 강조하는 바, 철저한 자기 관리와 원만한 인간관계는 행복을 누리는데 절대적 요소입니다. 아울러 꿈을 이루는데 없어서는 안 될 능력이며, 훌륭한 사람이 가져야 하는 필수 덕목이기도 하고요.

## '신언서판'으로 집약되는 품위 있는 자기 표현 능력

지식과 경험이 출중하고 내면 또한 아무리 깊어도 이를 제대로 표현하지 못한다면 무슨 소용이 있겠습니까? 다른 사람에게서 인정을 받기 위해서라도, 능력을 발휘하기 위해서라도 자신이 가진 능력을 있는 그대로 잘 나타낼 수 있어야 합니다.

단정한 용모, 적절한 복장, 예의 바른 태도와 같은 바른 몸가짐은 만나는 사람에게 품위 있는 자신의 외면을 보여줍니다. 조리 있고 세련된 말솜씨나 논리적인 글솜씨는 자신의 내면을 드러내고요. 바른 몸가짐이 아니면 좋은 인상을 주기 어렵고, 말이나 글솜씨가 좋지 않으면 제대로 소통하기 어렵죠.

자기의 내면이나 외면을 드러내 보일 수 있는 '브랜드' 같은 능력을 '자기 표현 능력'이라 합니다. 이는 지식이나 경험보다 우선해야 할, 대단히 중요한 능력이죠.

## 신언서판(身言書判)

1960년대에 〈백만인의 퀴즈〉라는 인기 라디오 프로그램이 있었습니다. 가족이 함께 출연해 겨루는 퀴즈 프로그램이었는데, 대학 4학년 여름방학 때 어머니를 모시고 참가해 연말 우승까지 했었죠.

그 프로그램의 연말 결선 중에 '옛 선비가 반드시 갖춰야 할 4가지'를 사자성어로 답하는 문제가 나왔습니다. 마침 고향의 친척 형님이 함께 출연했는데, 그분이 '신언서판(身言書判)'이라는 답을 맞혀 우승할 수 있었습니다. 우승 상품으로 흑백텔레비전을 받았는데, 당시에는 텔레비전이란 동네마다 고작 한두 집에 있을까 말까하던 귀중품이었습니다. 단칸방에 세 들어 살면서 텔레비전이 생겼으니 그야말로 대박 사건이었죠.

그러나 저에게는 '신언서판'이라는 단어를 알게 된 일이기에 더욱 기억납니다. 즉, 단정한 옷차림과 바른 몸가짐(身), 예의바르고 조리 있는 말솜씨(言), 질서정연한 글솜씨(書), 그리고 올바른 판단력(判) 등 반드시 갖추고 다듬어야 할 능력, 즉 자기를 표현하는 방법을 말하는 것이니까요.

## 몸가짐(身)

사람을 처음 만날 때에는 대부분 첫 인상으로 우선 평가를 합니다. 그러니까 용모 · 옷차림 · 태도 · 행동 등을 보고 순간적인 판단을 하는 거죠. 사실, 호감 가는 표정이, 때와 장소에 알맞는 단정한 복장이 돋보이는 거 아니겠습니까. 예의 바른 태도와 행동도 사람의 됨됨이를 바로 알 수 있게 해주고요.

눈에 바로 뜨이는 몸가짐으로 좋은 인상을 주지 못하면 신뢰를 얻는데 더 많은 시간이 필요합니다. 몸가짐이 바르지 못한 사람을 능력 있는 사람이라고 보지는 않으니까요. 그래서 요즘에는 '면접 성형'이라는 것도 한다더군요. 면접에서 잘 보이기 위해 얼굴을 고치는 성형이라죠. 참 어리석은 짓이 아닙니까? 웃는 연습을 꾸준히 해 얼굴 표정을 환하게 바꾸는 편이 훨씬 효과적일 텐데 말이죠.

## 말솜씨(언言)

말솜씨는 내면을 표현할 수 있는 가장 쉽고 가장 강한 수단입니다. 그래서 일상생활에서의 말솜씨는 물론이고, 사회생활에서의 말솜씨는 아주 중요합니다. 전문지식이 좀 부족하더라도 훌륭한 말솜씨로 잘 설명하고 설득할 수 있다면, 전문적인 단어를 어눌하게 늘어놓는 것보다 설득력이 훨씬 높습니다.

논리적이고, 합리적이며, 자신감이 넘치고, 부드럽지만 분명한 어조의 말솜씨를 가지도록 노력해야 합니다. 말 한마디로 천 냥 빚을 갚는다고 했잖아요. 설득이나 협상의 말솜씨를 배울 수 있는 프로그램이 많으니, 교육을 받아서라도 말솜씨 능력을 기르십시오.

짧고 간결하게 말하여 설득할 수 있는 능력도 갖춰야 합니다. 예를 들면, 엘리베이터를 타고 올라가는 불과 30초 전후의 시간에 상대방을 설득시킬 수 있는, 소위 '엘리베이터 피치(elevator pitch)' 능력이 필요하다는 말이죠. 특히 요즘처럼 바쁘게 돌아가는 세상에서는 장황하게 설명하기보다는 '엘리베이터 피치'처럼 짧지만 강력하게 설득할 수 있는 말솜씨가 필요합니다.

지금은 세계를 무대로 활동하는 글로벌 시대입니다. 이러한 때에 주요 외국어 한두 가지를 구사하지 못한다면 시대에 발맞추지 못해 활동 범위가 좁은 사람이 되고 맙니다. 이렇듯 사회가 강력히 요구하는 능력이기도 하니, 외국어로 말하고 글 쓰는 능력도 당연히 키워야 합니다.

## 글솜씨<sup>(書書)</sup>

글솜씨도 말솜씨와 꼭 같은 비중의 능력입니다. 한 페이지의 보고서로 의견을 관철할 수도 있고, 한 통의 편지나 이메일로 상대방을 설득할 수도 있으니까요. 그러니 평소에 글 쓰는 연습을 부지런히 해두어야 합니다.

글솜씨 능력을 키우는 방법에는 지름길이 없어요. 글을 많이 읽어야 하고, 많이 써봐야 합니다.

글쓰기는 수필이나 논술 등처럼 생각과 감정을 전달하려는 글쓰기와, 설명문이나 보고서 등처럼 정보를 전달하는 글쓰기가 있습니다. 쓰는 방법이 서로 다르니 목적에 맞춰 많은 글을 읽고, 글을 직접 쓰는 연습도 부단히 해야 합니다. 글쓰기에 관한 좋은 책들도

많으니, 그런 책을 읽어 이론적인 무장도 하면서 글솜씨를 키워야
합니다.

## 프레젠테이션

프레젠테이션은 용모·태도·말하기·글쓰기·판단력과 설득력
등 모든 자기 표현 능력을 집약해 다른 사람들에게 보여주는 행위
입니다. 경영진에 사업 계획을 설명하거나, 고객에게 제품이나 서
비스에 대한 설명을 할 경우에 프레젠테이션은 대단히 중요합니다.
프레젠테이션을 잘하느냐 못하느냐에 따라 사업권을 따낼 수도 있
고, 큰 계약에 실패할 수도 있을 정도죠.

예전에 '브리핑 승진'이란 말이 있었습니다. 인사권을 가진 사람이
참석하는 자리에서 브리핑을 잘하면 강한 인상을 줄 수 있어 승진을
빨리 할 수 있었다는 뜻입니다. 요즘에는 프레젠테이션이란 단어를
더 많이 사용하고 있으니 '프레젠테이션 승진'이라 해야겠군요.

전 사원을 대상으로 1년에 한 번씩 프레젠테이션 경진대회를 개
최했던 일이 있습니다. 참가 신청을 한 팀은 자신들이 정한 내용으
로 정해진 시간에 프레젠테이션을 합니다. 평가 항목은 프레젠테이
션의 내용, 화면 구성, 발표자의 자세와 태도, 말하기 등이었습니
다. 직원들에게 프레젠테이션의 중요성을 느끼게 하고, 프레젠테이
션 훈련도 겸할 수 있는 좋은 제도였죠. 제가 보기에 프레젠테이션
을 잘하던 사람이 어김없이 훌륭한 능력을 발휘하더군요.

결론은 '신언서판(身言書判)'으로 집약되는 자기 표현 능력을 갈고 닦아야 한다는 겁니다. 특히 몸가짐·말하기·글쓰기만이라도 잘 가다듬고 익혀도 훌륭한 능력자로 인정을 받는, 어느 때 어느 곳에서도 환영받는 행복한 사람이 됩니다.

## 기술과 기능을 포함하는 지식과 경험

꿈을 이루는 데에도 그리고 현재 하는 일에서도 가장 기본이 되는 능력은 두말할 필요도 없이 기술과 기능을 포함하는 '지식' 그리고 '경험'입니다. 이는 "능력이 무엇입니까?"라고 질문한다면 가장 먼저 나올 대답이기도 하지요.

기본 능력인 지식과 경험을 갖추지 못하면 어떤 일도 제대로 할 수 없으니까요. 당연히 전문 분야와 관련 분야의 지식과 경험을 폭넓게 쌓아야 합니다. "공부를 열심히, 잘하라"는 것도 바로 이러한 능력을 쌓으라는 뜻이죠. 즉, 사회적 위상을 높이려면 많은 지식을 쌓고 다양한 경험을 해야 합니다.

저는 고등학생 때 공부를 제법 잘했었지만, 어쩐 일인지 대학을 두 번이나 낙방했습니다. 3수는 할 수 없어 후기 대학에 입학했죠.

성적면에서 제 뒤에 있던 친구는 1년 먼저 좋은 대학에 들어갔는데, 저는 그렇지 못했으니 마음이 많이 무거웠습니다. 대학 입학 초기에는 그런 마음의 무게를 이기지 못해 적당히 시간을 때우듯 다녔고요. 다행히 여름 방학 때 문득 '입학도 늦었는데 공부도 제대로 안 하면 낙오자가 될 것이다!'라는 생각이 들었습니다. 지금 돌이켜 봐도 참 기특한 생각 아닌가 싶어요.

그래서 가을 학기부터 공부에 매진하기 시작해 학년이 끝났을 때는 학과 수석을 했죠. 그 이후 시험성적에 대해 어느 교수님의 칭찬을 받은 뒤부터는 밤을 새며 공부했습니다. 덕분에 졸업 후 첫 직장에 들어갈 때도, 그 이후 직장을 옮길 때도 수월하게 취업할 수 있었죠. 기본 능력을 갖췄다는 믿음을 줄 수 있었으니까요.

사실, 지식과 경험은 업무 처리의 효율과 성과에 절대적 영향을 미칩니다. 지식과 경험이 많을수록 훌륭한 성과를 내는 사람이 될 수 있고요. 일반 관리 분야에서도 전문지식과 경험이 얼마나 있느냐가 성과에 미치는 영향이 크고, 첨단기술 분야에서는 그런 능력 차이가 모든 것을 좌우하기도 합니다.

예를 들면, 각 부서별 업무 처리 상황을 점검하다가 어느 특정 팀에서 유독 야근을 많이 하며 고생하는 상황을 파악했습니다. 원인은 개발담당자가 새로운 자료 처리 기법에 대한 기술 교육을 받지 못해 예전 방법으로 시스템을 구축했기 때문이었고요. 즉, 개발담당자라는 사람이 새로운 지식과 경험이 없다 보니 효율이 매우 낮은 시스템을 개발할 수 밖에 없었던 겁니다. 그 때문에 시스템을 운영하던 팀원들은 상당한 고생을 했고, 비용도 엄청나게 많이 들었죠.

즉시 새로운 방법으로 시스템을 수정하자 네 시간 정도나 걸리던 작업이 불과 20여 분 내로 끝낼 수 있게 되었습니다. 시간으로만 봐도 무려 10여 배 이상의 효율 격차가 있었던 거죠.

내 꿈을 이루려면 필요한 지식과 경험이 무엇인지 명확하게 파악한 뒤, 계획적으로 갈고 닦아야 합니다. 학생이라면 학교공부에 충실해야 함은 극히 당연하고요. 전문직업인이라면 담당 분야의 지식을 더 깊이, 경험을 더 높이 쌓아야 할 겁니다.

## 미래를 위한 참신한 창의력

필요한 능력을 두루 갖췄더라도 창의력이 부족하다면 남들의 것보다 뒤떨어지는 발상 밖에 내놓을 수가 없습니다. 그러니까 항상 남의 뒤를 따라다니며 사는 거죠. 남들보다 앞서는 사람이 되려면 끊임없이 창의적 발상을 낼 수 있어야 합니다.

그러나 창의적인 발상은 아르키메데스처럼 목욕탕에서 목욕을 하거나, 화장실에서 일을 보다가 우연히 떠오르는 게 아닙니다. 소위 '꾀'라고 불리는 창의적 발상은 충분한 능력을 토대로 삼으며, 그러면서 땀 흘리고 노력했을 때, 어느 순간 문득 목욕탕이나 화장실에서 떠오릅니다. 즉, 창의적 발상은 능력과 노력이 융합되었을 때 비로소 반짝하고 떠오르죠.

1980년에 '21세기에 부상할 문명'을 조명한 책 『제3의 물결』을 출

간한 미국의 저명한 미래학자 앨빈 토플러 교수는 "창의력은 미래 개척의 원동력이며, 창의력을 가진 사람이 승리자가 될 것"이라 했습니다. 스마트폰을 만들었던 스티브 잡스 같은 사람이 바로 그런 승리자였고, 요즘 이 세상을 쥐고 흔드는 구글·아마존·페이스북 같은 회사의 창업자들도 그런 승리자인 거고요. 우리나라의 생명공학기업 셀트리온이나 컴퓨터통신기업 네이버·다음카카오 그리고 게임개발기업 엔씨소프트·넥슨 등의 창업자들도 들 수 있겠고요.

### 창의적 발상법

1950년대 중반에 일본은 미국에서 품질 관리 기법을 배웠고, 이를 발전시켜 1970년대에 '전사적 품질 관리(Total Quality Control, TQC)'로 발전시켰습니다. 전사적 품질 관리란 같은 분야의 일을 하는 사람들이 팀을 이루어 업무와 관련된 창의적 발상을 함으로써 업무의 품질을 개선해나가는 방식입니다.

우리나라는 1970년대 말경 일본에서 전사적 품질 관리 기법을 도입했고, 곧 전국의 기업들에서는 전사적 품질 관리 기법 도입의 열풍이 불었습니다.

그때 배웠던 '창의적 발상법'이 떠오르네요. '경박단소(輕薄短小)'라는 방법이었습니다. 보다 가볍게, 보다 얇게, 보다 짧게 그리고 보다 작게 생각해보라는 뜻이죠. 주로 생산 현장에서 쓰이는 방법입니다만, 어떤 곳에도 적용할 수 있습니다.

이의 반대 개념이 중후장대(重厚長大)입니다. 즉, 보다 무겁게, 보다

두껍게, 보다 길게, 보다 크게 생각해보라는 거죠. 그래서 뒤집어보고, 거꾸로 해보고, 두 기능을 합쳐보고, 빼보고, 나누어보는 방법도 창의적 발상을 내놓는데 도움이 됩니다. 이렇듯 창의적 발상은 그 분야에 깊은 관심을 가지고, 지식과 경험을 쌓아가면서, 평소와는 다른 다양한 방법으로 머리를 쓰는 노력 끝에 얻을 수 있죠.

'찾음표'라는 게 있습니다. 일본식 용어인 '견출지'를 우리말로 바꾼 단어로, 서류나 물건을 식별하기 위해 붙여놓는 작은 스티커죠. 아내와 서울 둘레길을 함께 걷다가 아내가 심한 골절상을 입어 몇 달간 휠체어를 타게 되었을 때의 일입니다. 어쩔 수 없이 부엌일을 제가 하게 되었는데, 너무 서투르고 힘들었습니다. 특히, 냉장고에 있는 각종 용기에 무엇이 들어있는지 모르니 곤란했어요. 음식재료나 양념을 찾으려면 하나하나 열어보거나, 아내를 불러 일일이 물어봐야만 했어요. 그런데 아내가 일러주었어도 자주 쓰지 않으면 또 일일이 열어보거나 휠체어를 탄 아내를 불러야만 했습니다. 계속 사용하던 사람이야 항상 눈에 익어 그릇만 봐도 무엇이 들어있는지 알았겠지만, 다른 사람이 살림을 하려니 상당히 어려웠던 거죠. 아내도 젊었을 때는 훤하게 꿰고 있었을지 모르나, 점점 '이게 뭐지?' 하며 뚜껑을 열어보고서야 무엇인지 알아내곤 했습니다.

대책을 찾다가 우연히 문방구를 들렀을 때 찾음표가 눈에 들어왔습니다. 보는 순간 '바로 이거야!' 싶더라고요. 찾음표와 유성펜을 사가지고 와서 냉장고를 열어 그릇이나 병 따위의 내용물을 확인한 뒤 일일이 찾음표를 붙여놓았습니다. 그 이후에 새로 보관할 때는 보관하기 시작한 날짜까지 기록해두었고요. 나중에 아내가 다시 부엌일을 시작했을 때 "그거 참 편리하네!"라고 했고, 딸과 며느리도 배워갔습니다. 이렇듯 일상생활의 불편함이나 고객의 불평이 새로운 발상의 실마리가 됩니다.

### 꾀주머니

창의적 발상을 돕는 인터넷상의 게시판을 만들면 매우 유용할 듯합니다. 게시판의 이름을 '꾀주머니'로 하고, 일하던 중 새로운 발상이 떠오르면 그 내용을 게시합니다. 일반 게시판처럼 제목·게시자·게시일 같은 내용을 적고요.

아울러 게시 내용을 읽는 사람이 해당 내용을 평가할 수 있도록 하고, 그렇게 받은 점수의 누계가 표시되도록 합니다. 창의성이 높다고 평가될수록 점수가 높아지겠죠. 게시한 사람은 평가 결과로 성취감을 느껴 행복해질 거고, 게시 내용을 읽은 사람은 댓글로 또 다른 발상을 낼 수 있는 기회를 잡게 될 테니 그 사람도 행복해지지 않겠습니까. 월말이나 연말에 게시된 건수와 평가점수를 토대로 '이달의 꾀돌이'나 '올해의 꾀돌이'를 선정해 표창합니다. 조직 구성원들에게 창의력 증진을 위한 큰 동기를 부여할 수 있겠죠.

창의적 발상은 또 다른 창의적 발상을 불러옵니다. 예를 들면, 발명특허를 내본 사람은 거의 대부분 연이어 몇 개의 특허를 추가로

내는 경우가 많습니다. 남이 게시한 창의적 발상을 보고 좀 더 개선된 발상을 낼 수도 있고요. 또한 자신이 게시한 내용에 달리는 댓글을 보고 또 다른 발상을 낼 수도 있습니다. 그러니까 이러한 게시판의 설치는 조직 전체의 창의력을 향상시키는데 큰 도움을 줄 겁니다. 기존의 '제안' 같은 제도와는 비교할 수 없을 만큼요.

개인적으로도 마찬가지입니다. 문득 떠오른 생각을 기록으로 남기세요. PC에 '꾀주머니'라는 파일을 만들고, 창의적 발상이 떠오를 때마다 기록하는 습관을 키운다면 창의력이 크게 높아질 겁니다. 나름대로의 '꾀주머니'를 하나씩 차는 셈이죠. 물론 스마트폰에 기록을 남기는 방법도 있고, '꾀주머니'라는 이름의 앱을 만들어도 좋을 듯합니다. 그런 식으로 다들 '꾀주머니'를 하나씩 차고서 자신의 미래를 개척해나가십시오. 꾀주머니 속에 꾀가 하나둘 쌓일 때마다 여러분의 미래는 밝아지고, 행복도 밝게 웃으며 솟아날 겁니다.

지식·기술·기능·경험과 같은 소위 '스펙'만이 능력의 모두라고 여겨지지 않았으면 좋겠습니다. 그런 스펙은 표면의 힘을 키우는 능력일 뿐이니까요. '지금, 당신은 행복한가요?'에서 이야기한 대로 표면의 힘만 커지면 교만해지고 물질적 가치만 추구하게 됩니다. 또한 상호 배척과 분열, 이기주의 팽배, 폭력적 성향이 두드러지게 된다는 점도 상기하시기 바랍니다.

표면의 힘과 내면의 힘의 균형도 맞춰야 합니다. 자기 관리 능력, 좋은 인간관계 맺기 능력, 자기 표현 능력, 지식과 경험, 그리고 창의력 등 다섯 가지 능력도 두루 겸비해야 하고요. 그래야 표면의 힘과 내면의 힘이 균형을 이룰 수 있으니까요. 그렇게 되면 훌륭한 능력자가 되어 꿈을 이룰 수 있고, 행복한 삶도 누릴 수 있습니다.

# 제5행복설계 - 꿈을 이루기 위한 능력 목록

능력을 향상시키려면 다음과 같은 것들을 생각하고 준비하십시오.

① '내 꿈은 무엇인가?'

② '내 꿈을 이루려면 어떤 능력이 필요한가?'

③ '나는 현재 그런 능력을 얼마나 갖추고 있을까?'

④ '내가 원하는 경지에 이르는 데 필요한 능력 수준은 어느 정도
인가?'

"뭐 그렇게 복잡하게 살아야 하나요?"라고 물으실 분도 계실 겁
니다. 그러나 이러한 물음들에 대한 답을 내놓는 것은 자신의 꿈을
이루기 위해, 행복하게 살아가기 위해 필요한 능력을 분석하고 준

비하는 데 필수적입니다. 그러니 꼭 해야 할 일이며, 대충 해서도 안 됩니다. 저 질문들에 상세하고 구체적으로 답을 할수록 더 행복하게 살 수 있으니까요.

작은 일을 시작할 때도 계획을 빈틈없이 세운 후에 시작해야 하잖아요. 하물며 행복한 삶을 위해 필요한 능력을 준비하고 계획하는 일을 소홀히 할 수는 없습니다. 그러니 필요한 능력을 구체적으로 파악한 후, 이를 과학적 · 체계적으로 키워나가야 합니다.

### 능력의 정의

꿈을 이루는데 필요한 능력 중 자기 관리 능력과 좋은 인간관계 맺기 능력은 이미 '제2행복설계-자신에게 충실하기'와 '제3행복설계-좋은 인간관계 만들기'에서 상세하게 파악하고, 대응 방안도 강구했습니다.

그리고 지식과 경험은 일반 지식, 전공 지식, 관련 지식으로 구분하면 더욱 좋습니다. 그런 다음 중분류 · 소분류로 세분하면 자신에게 필요한 능력을 확실하게 파악할 수 있습니다. 특히, 소분류 단계에서는 가급적 한 과목의 강의를 들어 익히거나 훈련을 받을 수 있을 정도로 정하면 됩니다.

소분류 단계의 능력은 구체적으로 적어야 합니다. 그래야 능력을 계발하기도 쉽고, 평가하기도 편합니다.

## 능력 수준

문제는 '능력 수준'입니다. 각종 조직에서도 직원의 능력 수준을 평가하기가 매우 어렵다지요.

저도 오래전에 평가자가 되어 직원들의 능력을 평가했었습니다. 능력 평가 항목인 '이해력'과 '창의력' 등을 평가할 때 참으로 곤혹스럽더군요. 자신의 이해력과 창의력의 수준도 평가하기 힘든데, 다른 사람의 것을 평가해야 했으니까요. 결국 최근 일어난 단편적 사건을 중심으로, 기억나는 대로 했습니다. 비겁한 변명 같습니다만, 이는 능력의 정의가 잘못된 탓이기도 합니다.

당연히 그와 같은 평가에 직원들이 승복할 리 없지요. 하지만 많은 회사가 그런 평가 방법으로 연봉 제도를 운영합니다. 결국 회사도 직원도 행복할 수 없지요. 그러니 직원들의 능력을 구체적으로 정의하고, 평가 기준도 객관적으로 만들어야 합니다.

일단 243페이지의 표처럼 수준을 객관적으로 파악할 수 있도록 5단계의 기준을 설정해봅니다. 이렇게 해보면, 자신의 현재 능력 수준을 파악할 수 있죠. 이를 기준으로 한다면 능력을 어떻게 계발해야 할지도 합리적으로 판단할 수 있습니다.

물론 사회적으로 정해진 능력의 척도가 있다면 그걸 사용해도 좋고요. 예를 들면, 외국어 능력 평가 점수 같은 거요. 이렇듯 자신에게 필요한 능력의 수준을 알고 있다면 보다 수월하게 자기 계발도 하고, 꿈을 향해 나아갈 수 있게 됨으로써 밝고 행복한 미래를 맞이할 수 있습니다.

| 능력<br>수준 | 능력 수준의 판단 기준 |
|---|---|
| 1 | 기본 개념과 주요 단어 정도는 알고 있지만, 아직 기본 교육도 받지 못한 상태 |
| 2 | 기본 교육을 받아 기본 사항은 익혔으나, 훈련과 적용 경험이 부족한 상태 |
| 3 | 기본적 활용은 가능하지만, 부분적으로 다른 사람의 도움이 필요한 상태 |
| 4 | 활용하는데 아무런 문제가 없고, 중급 정도의 교육도 가능한 상태 |
| 5 | 자유로운 활용·응용이 가능하고, 고급 수준의 교육도 가능한 전문가 수준 |

## 능력 목록표

244페이지의 '제5행복설계 - 꿈을 이루기 위한 능력 목록' 표를 이용해 능력 계발의 이정표를 세워보십시오. 자신의 꿈을 이루기 위해 필요한 능력과 그 수준을 분석해 체계적으로 계발해나갈 수 있습니다. 회사와 같은 조직에서도 이를 적절하게 활용할 수 있고 요. 예를 들면, 각 직원들에게 맞춰 능력을 계발시킬 수 있고, 합리적 교육 계획도 수립할 수 있습니다. 제일 큰 효과는 직원들 모두가 수긍할 수 있는 객관적·합리적 능력 평가 제도를 만들 수 있다는 점입니다.

앞서 언급한 대로 '꿈을 이루기 위한 능력'은 대분류·중분류·소분류로 구분합니다. 소분류는 교육·훈련을 받거나 독학으로 공부할 수 있는 구체적인 과목의 이름입니다. 상세할수록 능력을 계발하기가 쉽습니다.

'능력 수준'은 세 가지로 구분합니다. '목표 수준'은 필요한 최종 수준이고, '평가 수준'은 현재의 수준을 스스로 평가한 값이며, '차기 목표'는 다음 목표 수준입니다.

'능력 분석 결과에 대한 대응 방안'에는 능력 분석 결과를 본 뒤, '앞으로 내 능력을 어떻게 계발하겠다!'는 식으로 계획과 각오를 기록합니다. 이는 능력 향상의 기본 방향으로 삼을 수 있습니다.

**제5행복설계 – 꿈을 이루기 위한 능력 목록**

| 꿈을 이루기 위한 능력 | | | 능력 수준 | | |
|---|---|---|---|---|---|
| 대분류 | 중분류 | 소분류(수강 · 훈련 과목) | 목표 수준 | 평가 수준 | 차기 목표 |
| 자기 표현 | 몸가짐 | | | | |
| | 말하기 | | | | |
| | 글쓰기 | | | | |
| 일반 지식 | | | | | |
| | | | | | |
| | | | | | |
| | | | | | |
| | | | | | |
| 전공 지식 | | | | | |
| | | | | | |
| | | | | | |
| | | | | | |
| | | | | | |

| 관련 지식 | | | | | |
|---|---|---|---|---|---|
| | | | | | |
| | | | | | |
| | | | | | |
| | | | | | |
| 창의력 | 꾀주머니 채워 넣기 | | n건/월 | | |

능력 분석 결과에 대한 대응 방안

# 더하기

## 일 잘한다는 평판 듣기

  하고 싶은 일만 열심히 하더라도 얼마든지 행복할 수 있습니다. 그러나 이왕이면 "일을 잘한다"는 평판을 들으며 일한다면 더욱 행복할 수 있죠. 신뢰와 인정을 받으니까 행복하고, 현실적으로 연봉이나 승진 등에도 좋은 영향을 미치니 더 행복합니다.

  일을 잘한다는 평판을 들으려면 가장 먼저 일에 임하는 의식과 자세를 바로잡아야 합니다. 그래서 이미 '제4행복설계 – 올바르게 일하기'에서 일에 임하는 의식과 자세에 대한 각오를 상세하게 다져보았습니다.

  의식과 자세를 가다듬은 다음에는 일하는 방법을 잘 지켜야 좋은 평판을 들을 수 있습니다. 일을 시작하기에 앞서 전략적 사고를 한다거나, 일하는 과정과 절차를 잘 지키기만 해도 일을 잘한다는 평판을 듣습니다. 나아가 일을 진행하면서 몇 가지 방법을 잘 지키면 훨씬 더 좋은 평판이 따릅니다. 그런 방법을 정리해보도록 하겠습니다. 제가 이어가고 있는 '행복'이란 주제에서는 약간 벗어나지만 '제4행복설계-올바르게 일하기'와 관련되기에 추가하려고 합니다.

### 일에 앞서 생각하기

일을 시작하기에 앞서 반드시 해야 할 일은 그 일과 관련된 내·외부 상황을 면밀하게 살펴보는 일입니다. 『손자병법』의 「모공편<sup>(謨攻編)</sup>」에는 아주 유명한 구절이 나옵니다. '지피지기 백전불태<sup>(知彼知己 百戰不殆)</sup>', 즉 "적을 알고 나를 알면 백 번 싸워도 위태롭지 않다"는 뜻이죠. 이는 기업에서도 새로운 사업이나 경쟁에서 이기는 방법을 찾아야 할 때 자주 활용하는 개념입니다. 물론 개인적인 일을 할 때에도 얼마든지 활용할 수 있고요.

지피<sup>(知彼)</sup>란 국가 정책, 경제 동향, 시장 상황이나 경쟁 여건, 기술 동향 등과 같은 환경 여건을 분석해 기회<sup>(Opportunity)</sup>와 위협<sup>(Threat)</sup> 요소를 파악하는 일입니다. 지기<sup>(知己)</sup>란 내부 여건을 살펴 강점<sup>(Strength)</sup>과 약점<sup>(Weakness)</sup>을 분석하는 일입니다. 개인적으로도 자신의 상황을 분석해 강점과 약점을 파악하고, 주변 상황을 분석해 기회·위협 요소를 찾아낸다면 꿈을 더욱 알차게 만들 수 있습니다. 이렇게 하는 일을 각 영어 단어의 첫 자를 따서 SWOT<sup>(스와트)</sup> 분석이라고도 하죠.

SWOT 분석으로 강점을 살리거나 약점을 보완할 수 있습니다.

또한 기회를 활용하거나 위험을 회피하는 것도 가능합니다. 그처럼 새로운 일을 만들어내기도 하고, 일을 시작하기 전에 모든 상황에 대응할 수 있는 방법도 강구하는 것이죠. 이렇게 생각하는 방법을 '전략적 사고'라고 하고요. 즉, 일을 계획하기에 앞서 반드시 해야 할 일이 SWOT 분석을 통한 전략적 사고인 것입니다.

SWOT 분석을 잘할 수 있어야 좋은 사업을 구상할 수 있고, 나중에 어떤 상황에 부딪히더라도 효율적으로 대응할 수 있습니다. 아울러 마음에 들지 않는 일을 만났을 때, SWOT 분석을 통해 그 일이 자신의 마음에 들도록 만들 수도 있습니다. 하고 싶지 않은 일을 하고 싶은 일로 바꿀 수 있다는 뜻이죠. 그러니 SWOT 분석 기법을 더 깊이 공부해 활용하기 바랍니다. 그렇게 일을 시작하면 당연히 일을 잘한다는 평판을 들을 수 있게 됩니다.

### 일하는 과정과 절차 지키기

어떤 일에든 진행 과정이 있고, 과정별 처리 절차도 있습니다. 그래서 일하는 과정과 절차를 잘 지켜나가면 일이 차질 없이 진행되어 효율과 성과가 높아집니다.

일을 진행하는 과정이란 매우 간단합니다. 일을 시작하기에 앞서 계획을 세우고, 계획대로 실행하고, 계획대로 진행되는지 일정한 때마다 확인하고, 확인한 결과에 따라 일의 진행을 조정하는 거죠.

계획(Plan)은 그 일을 하는 사람의 희망이고 꿈입니다. 그러니 전략적 사고를 통해 빈틈없는 계획을 세워야겠죠. 진행(Do)은 일을 올바르게 처리하는 과정이고요. 확인(Check)은 '일이 계획대로 진행되는지?', '목표 달성이 가능한지?', '수행 방법은 정확한지?' 등을 점검하는 일입니다. 정기적으로 또는 수시로 현장을 살펴보고 확인해야 합니다. 조정(Action)은 확인한 결과에 따라 목표를 조정하거나, 일정을 수정하거나, 방법을 바꾸어 일을 성공시키는 과정이죠. 일이 계속되면 이런 과정이 반복됩니다. 이를 영어 단어의 첫 자를 따서 PDCA 사이클(Cycle)이라 합니다.

사실, 이는 일을 할 때 누구나 하는 기본적 과정입니다. 그러나 그런 기본적 과정을 잘 지키지 않아서 차질을 빚는 경우가 많습니다. 일을 잘한다는 평판을 받는 사람은 그런 기본적 과정과 절차를 잘 지킵니다.


## 크고 어려운 일에 도전하기

직업에는 귀천이 없다지만, 마음속으로는 다들 분명히 직업의 귀천에 대한 기준을 갖고 있습니다. 그 기준은 '일의 범위' 그리고 '일에 필요한 능력'입니다.

일의 범위가 넓고 커다란 일은 귀한 일이라며 서로 하려고 합니다. 큰일을 성공시키면 성취감도 높고, 대가도 크니까요. 큰 능력이 필요한 어려운 일도 귀한 일이라 서로 하려고 하죠. 고작 한 사람 뽑는데도 수백 명이나 지원할 정도로 말이죠. 일의 귀천이 없다고 하면서도 귀천을 따지네요.

흔히 '3D 업종'을 기피하는 이유는 더럽고(Dirty) 어렵고(Dif-ficult) 위험해서<sup>(Dangerous)</sup>지만, 그런 일을 하는 데는 대개 큰 능력이 필요하지 않기에 성취감도 대가도 적기 때문이기도 합니다. 그러니 크고 어려운 일, 즉 귀한 일에 다들 도전하려는 거고요.

큰일이나 작은 일이나 추진해야 할 항목과 순서는 비슷합니다. 관련 능력만 갖추고 있다면 쉬운 일이나 어려운 일이나 해야 할 일은 크게 다르지도 않고요. 그런데 재밌는 건, 이 세상에는 가급적 가볍고 쉬운 일을 하며 편하게 보내려고 요령을 피우는 사람들도 있다는 점입니다.

그러나 작은 일을 하면 받게 될 대가도 적고, 생각도 작아집니다. 큰일(어려운 일)에서는 배울 게 많지만, 작은 일(쉬운 일)에서는 배울 게 적으니까요. 어려운 일은 다채롭지만, 쉬운 일은 단조롭지요. 작은 일로는 작은 명예밖에 못 얻지만, 큰일을 한 사람은 대중의 눈에 위대해 보이며, 큰 대가와 거대한 명예도 함께 거머쥡니다. 그러니 큰일에 도전하십시오. 두려움을 떨쳐버리고 '크고 어려운 일'에 통크게 도전하십시오. 그런 사람이 일을 잘한다는 평판을 듣게 됩니다.

### 빈틈없는 계획, 용의주도한 일 처리

어떤 일을 하더라도 반드시 계획을 세운 후에 해야 합니다. 계획은 작은 일이나 큰일이나 일의 성패를 좌우하므로, 비록 실행 과정에서 수정하게 되더라도 계획을 세워야 합니다.

앞서도 말씀드렸듯이 계획은 그 일을 하는 사람의 희망이고 꿈이자, 노력의 방향이고, 일하는 방법 그 자체입니다. 그래서 계획을 잘 수립할수록 예상하지 못했던 어려운 일이 닥치더라도 당황하지 않고 슬기롭게 대응할 수 있습니다. 목표 달성을 위한 구체적 방법도 가질 수 있어 흔들리지 않으면서 일할 수 있고요.

계획 과정에서는 감안할 수 있는 모든 사항을 감안해 빈틈이 없게 해야 합니다. 빈틈없는 계획은 그 자체가 "계획의 90퍼센트 달성"이라고 하잖아요.

빈틈을 없애겠다고 해서 무리한 욕심을 가지면 안 됩니다. 적절한 자원·일정에 맞춰 계획을 세워야 합니다. 무리한 계획은 절대 성공을 보장하지 않으니까요. 그래서 계획을 잘 세우는 사람이 일을 잘하는 사람인 거고요. 물론 일 처리도 빈틈없이 잘해야 합니다.

완벽한 지식과 숙련된 기술·기능을 보유하고, 여기에 경험까지 갖춘, 즉 경륜을 축적한 사람을 '전문가'라 합니다. 전문가는 일 처리에 빈틈이 없습니다. 그러니 어떤 일을 하더라도 전문가다운 태도를 가져야 합니다.

전문가답게 빈틈없이 일하는 자세를 "용의주도하다", 즉 "마음을 여러 곳에 두루 미치도록 한다"고 합니다. 현대 사회는 컴퓨터와 통신 시스템이 주도하기에 용의주도하게 일하는 자세가 더욱 필요하고요. 그러니 맡은 일을 용의주도하게 처리해 전문가다운 면모를 보여야 좋은 평판을 듣습니다.

**끈질기게 일하기**

"한 우물만 파라", "가다가 멈추면 처음부터 아니 감만 못하니라"

같은 속담은 아무리 어려운 일이 닥치더라도 끈질기게 계속해야 성공할 수 있다는 의미입니다. 실제로 영 좋지 않은 환경에서 어려운 일을 하더라도 끈질기게 계속해 성공한 경우를 종종 볼 수 있잖아요.

산을 오를 때 힘들고 지친다고 중간에서 포기해버리면, 산 정상에 올라 발아래를 굽어보는 쾌감을 절대 누릴 수 없습니다. 밤낚시를 즐기는 사람은 잘 알겠지만, 모기에 뜯기면서도 밤새도록 드리운 낚시찌를 지켜보며 끈질기게 앉아있어야 동이 틀 새벽녘에 월척을 건져 올릴 수 있습니다. 이렇듯 '끈질기다'는 말의 의미는 "쉽게 포기하지 않는다"입니다.

일을 하는데 있어서 가장 큰 적은 '중도 포기'입니다. 중도에서 포기하면 아무것도 얻을 수 없습니다. 포기하지 않으면 실패하지 않습니다. 그래서 '포기'란 '실패'의 또 다른 표현이라고도 하잖아요. 어려움을 참고 끝까지 끈질기게 버티는 사람이 최후의 승리자가 됩니다. "열 번 찍어 아니 넘어가는 나무 없다"는 속담도 있고요.

무슨 일이든 한번 시작하면 끝을 볼 때까지 계속 해야 합니다. 어려운 상황에 봉착하더라도 끈질기게 붙들고 늘어져 일을 성공시킨다면 당연히 좋은 평판이 따르죠.

### 일에 따른 마찰과 갈등 즐기기

일을 하다 보면 사회적 역학 관계의 영향으로 개인 또는 조직 사이에 마찰과 갈등이 빚어지게 마련입니다. 심하면 그런 마찰과 갈등으로 일을 그르치는 경우도 있고, 인간관계에까지 상처를 입어 조직을 떠나야 하는 경우도 있습니다. 그러나 그런 마찰이나 갈등이 없다면 조직이 정체되어 발전할 수 없습니다. 그러니 일하면서 일어나는 마찰과 갈등은 그 일을 더 훌륭하게 성공시키기 위한 에너지의 축적 과정이라 할 수 있죠.

인간의 갈등 중 가장 크고 위험한 마찰과 갈등은 전쟁입니다. 그런데 전쟁이 끝나면 사회가 한 단계 발전하는 모습을 역사에서 종종 확인할 수 있습니다. 이걸 보면 마찰과 갈등은 그 일을 보다 더 잘하기 위한 과정이지, 절대로 그 일의 장애 요소가 아님을 알 수 있죠. 그러니 마찰이나 갈등을 두려워하여 피한다면 일을 제대로 할 수 없고, 발전은 더더욱 기대할 수도 없습니다.

마찰과 갈등을 쉽게 풀어나가는 방법은 간단합니다. 상대방에게 관심을 갖고, 그 사람을 이해하면 되죠. 상대방을 이해하려면 그 사람의 이야기에 귀를 기울이고서 잘 들어야 합니다. 상대방을 이해할 수 있다면 배려도 양보도 할 수 있죠. 어차피 조직의 공동 목표를 달성하려다 보니 발생한 업무상의 마찰·갈등이니, 배려하고 양보하여 해결하지 못할 것도 없잖아요.

내 의견이 조금 더 나아 보이더라도 절대적이지 않는 이상 양보하면 그만입니다. 꼭 내가 주장하는 방법대로 해야만 하는 것은 아니니까요. 그리고 상대방에게 양보하면 더 큰 보답으로 돌아옵니다.

그러니 마찰과 갈등을 피하지 말고 당당히 맞서는 게 좋습니다. 당당하게 맞서면서 '행복이야기 세 번째 – 좋은 인간관계 만들기'의 방법으로 대응하면 쉽게 풀어나갈 수 있고요. 그렇게 해야 몸담고 있는 조직도 발전하고, 주어진 일도 성공시킬 수 있습니다. 마찰과 갈등은 앞으로 나아가지 못하고 정체되는 상태로 보이지만, 그러한 문제가 해결되면 더 좋은 인간관계가 이루어지게 됩니다. 비 온 뒤에 땅이 굳어진다잖아요. 마찰과 갈등을 잘 조정하는 사람이 일을 잘한다는 좋은 평판도 듣게 됩니다.

# 훌륭한 리더되기

'훌륭한 리더 되기'에서는 행복을 만드는 방법과 훌륭한 리더가 되는 방법의 상관관계를 알아보겠습니다. 즉, 행복한 삶과 훌륭한 삶이 어떤 관계가 있는지를 이야기하겠습니다.

### 리더십 개념의 변화

1990년대 중반 이후부터 우리의 사회·문화는 급속도로 변화되었습니다. 이는 인터넷의 발전 및 그 뒤를 잇는 스마트폰의 등장과 궤적을 같이 하고 있죠. 인터넷과 스마트폰은 정보화사회의 핵심 도구가 되어 여러 큰 사회적 변화를 일으키고 있습니다. 특히 조직 문화에 큰 변화를 일으키고 있죠.

우선 정보 취득 방법에 큰 변화가 생겼습니다. 이전에는 책이나 인맥 또는 교육이나 매스컴에 의존해 정보를 취득했기에 정보를 얻으려면 발품을 많이 팔아야 했습니다. 따라서 업무경력이 오래될수록 정보를 더 많이 가지게 되어 지식 · 기술의 보유 정도가 훨씬 더 대단했습니다.

그런데 요즘에는 책상 앞이나 손바닥 위에서 PC나 스마트폰으로 정보를 쉽게 얻을 수 있으니 정보를 얻는데 노력과 시간이 훨씬 덜 듭니다. 따라서 업무경력이 오래되었다고 해서 지식 · 기술의 보유 정도가 더 대단하다고 할 수 없죠. 검색 노하우가 많은 후배가 경력이 오래된 상사보다 더 많은 지식을 과시할 수도 있고요. 이런 상황에서 상사가 옛날처럼 "나를 따르라!"식의 지휘로 조직을 이끌 수는 없습니다.

1950년대 중반 이후에 태어난 사람은 어릴 때 라디오를 들으며 컸습니다. 1960년대 중반 이후에 태어난 사람은 흑백텔레비전을 보며 자랐고, 1980년대 초반 이후에 태어난 사람은 컬러텔레비전을 보며 성장했습니다. 1990년대 이후 세대는 컴퓨터를 다루며 자랐고, 2000년대 이후 세대는 스마트폰을 만지며 어린 시절을 보냈습니다. 각각의 세대가 감성적으로 느끼는 방법이나 내용이 크게 다를 수 밖에 없는 것이죠. 또한 우리 사회는 점차 감성적 가치를 더 중요하게 여기며, 개성을 앞세우고, 자기를 표현하는 방법도 매우 다양해졌습니다.

아울러 과거 우리 사회가 추구하던 조직에 대한 충성심은 약화되고, 자기중심적 사고가 강화되는 중입니다. 예를 들면, 요즘 젊은

이들은 조직이 자신을 신뢰해주기를 바라고, 조직의 의사결정 과정에 참여하고 싶어 하며, 책임이 확실하게 부여되는 일을 즐깁니다. 자신의 뜻에 따라 자율적으로 일하기를 원하면서, 성취에 대한 정당한 보상도 요구합니다. 한마디로 사회적 의식 구조가 급작스럽게 변화되었습니다. 당연히 조직 관리를 책임지는 리더는 그러한 변화를 수용하여 새로운 사고방식과 관리 방법을 도입해야 합니다.

지난날에도 가장 일사불란하게 관리되던 조직은 군대와 관료 집단이었습니다. 그런 조직에서는 '업무 성과'라는 이성적 가치를 우선 추구했고, 성실과 열정을 덕목으로 삼았으며, 상사는 명령하고 부하는 복종하는 가부장적 관리문화가 필요했습니다. 그런 관리문화와 리더십은 산업사회의 일반 사회조직에서도 효과적이었기에 그런 형태의 관리 방법이 여기저기에 많이 도입되었죠.

그러나 사회의 의식 구조가 크게 변화되면서 이제는 지난날의 관리문화로는 더 이상 구성원들의 열정을 끌어내어 신나게 일할 수 있는 분위기를 만들어낼 수 없습니다. 오늘날에는 가부장적 상관이 아니라 응원단장이나 관현악단의 지휘자와 같은 상사가 되어야 효과적으로 조직을 이끌 수 있죠.

성과를 추구하는 이성적 가치는 물론이려니와 인간성과 행복을 추구하는 감성적 가치도 동등하게 다루어야 합니다. 일방적 지시와 통제가 아니라 상호 신뢰를 바탕으로, 생각을 같이 하고, 일을 나누어 하며, 성취의 행복을 함께 즐기는 관리문화를 만들어야 합니다. 리더십의 개념을 다시 생각해야 할 때인 겁니다.

## 리더가 갖춰야 할 덕목

리더십이란 조직 구성원들에게 영향력을 행사하는 과정입니다. 훌륭한 리더는 구성원들에게 훌륭한 영향력을 미쳐 구성원들과 조직 전체의 성장에 모두 기여합니다. 그러면 훌륭한 리더십을 가진 리더는 어떤 덕목을 갖춰야 할지에 대해 이야기하겠습니다.

리더는 무엇보다도 자기 관리를 철저하게 할 수 있어야 합니다. 자신의 정체성을 분명히 하고, 꿈도 명확하고, 도덕성과 정신적 수준도 높고, 육체적으로 건강하고, 취미도 다양하며, 유머 감각도 뛰어나야죠. 바로 자신에게 충실한 사람인 것입니다. 이미 '행복이야기 두 번째─자신에게 충실하기'에서 자신에게 충실할 때 행복해진다고 했습니다. 자신에게 충실하면서 행복을 누릴 줄 아는 사람이 바로 훌륭한 리더가 됩니다.

리더는 사람 관리를 원만하게 할 줄 알아야 합니다. 모든 사람에게 친절하고, 관심을 가지고, 경청하고, 이해하고, 배려하며 사랑할 줄 아는 사람이어야 합니다. 칭찬하고, 감사하고, 용서하고, 봉사정신이 투철해 다른 사람을 행복하게 해줄 수 있어야 합니다. '행복이야기 세 번째─좋은 인간관계 만들기'에서 이야기했듯이 좋은 인간관계로 행복을 누릴 줄 아는 사람이 바로 훌륭한 리더가 될 수 있습니다.

리더는 자신에게 맡겨진 일을 훌륭하게 처리할 수 있어야 합니다. 항상 정의롭고 바른 일을 하는 사람, 구성원들이 하고 싶은 일을 할 수 있도록 지원해주는 사람, 구성원들이 자기 일에 몰입할 수 있는 환경을 만들어주면서 그들과 작은 성취도 함께 나눌 수 있는 사람입니다. 능력이 출중하고, 사람들의 신뢰와 인정을 받는 사람이어야 합니다. '행복이야기 네 번째—올바르게 일하기'에서 이야기했듯이 올바르게 일함으로써 행복을 누릴 줄 아는 사람이 바로 훌륭한 리더가 됩니다.

그리고 구성원들이 꿈을 가질 수 있도록 관리하는 능력도 키워야 합니다. 자신과 함께하는 사람들의 욕구를 파악하고, 이를 충족시키려 노력해야 하는 거죠. 구성원들이 자신의 열정을 불러일으킬 수 있도록 동기를 부여하며, 솔선수범하는 관리 능력을 갖춘다면 더욱 훌륭한 리더가 될 수 있고요.

### 행복한 삶 vs 훌륭한 삶

여기서 주목해볼 사항은 자신에게 충실하면서, 좋은 인간관계를 만들고, 올바르게 일을 처리하는 사람, 즉 행복을 누릴 줄 아는 사람이 훌륭한 사람이란 점입니다. 그런 사람이 훌륭한 리더가 되고요.

그러니 굳이 어려운 방법으로 훌륭하게 살아가려 할 필요는 없습니다. 행복하게 살아가기만 하면 저절로 훌륭한 삶을 살아가게 되니까요. 행복한 삶과 훌륭한 삶은 그 행로가 일치하기 때문입니다.

요즘 부모들은 자녀를 훌륭하게 키우기 위해 온갖 교육을 시키고, 심지어 초등학생이나 중학생일 때부터 스펙을 쌓게 한다더군요. 남들이 자녀에게 무엇을 시키는가를 꼼꼼하게 살피고, 그걸 내 자녀에게도 빠짐없이 가르치려고 한다죠. 이런 부모들에게는 자녀가 그런 교육을 다 받아들이고 소화할 수 있는 그릇인지, 그런 걸 좋아하는지, 나아가 행복해 하는지는 다음 문제입니다. 그저 다른 사람들의 자녀보다 더 잘되도록 키우는 것을 추구하려고 할 뿐이죠. 성적을 높여 좋은 학교만 보내면 훌륭한 사람이 된다고 착각하기까지 합니다. 그러다 보니 부모와 자녀가 함께 힘들어 하는 경우를 많이 봤습니다.

자녀를 훌륭하게 키우고 싶다면 자녀의 내면의 힘을 길러줌으로써 행복하게 성장할 수 있도록 도와주세요. 훌륭한 사람이 반드시 행복한 사람이 되는 건 아니지만, 행복한 사람은 반드시 훌륭한 사람이 되니까요. 행복한 삶이 바로 훌륭한 삶이기 때문입니다.

## 행복 설계의 사례

　본문의 다섯 가지 이야기에서 행복을 설계하는 데 필요한 방법을 설명했습니다. 여기서는 다섯 가지 행복 설계 방법을 요약하고, 작성 사례도 소개하겠습니다.

　사실, 자신의 삶을 행복하게 하는 일보다 더 귀중한 일이 어디 있겠습니까? 그러나 사례는 글자 그대로 사례일 뿐입니다. 그러니 이 사례를 참고하여 행복하고 훌륭한 삶을 설계하는데 도움을 받으시기 바랍니다.

# 제1행복설계 - 내 '꿈의 목록'

## 꿈을 찾아보는 곳

- 동경하는 사람과 그가 일한 분야
- 밤새워 해도 즐거울 정도로 좋아하는 분야
- 학습 효과가 높은 분야
- 전공 분야 또는 인접 분야
- 작은 관심이라도 있는 분야

## 꿈 만들기의 조건

- 생각만 해도 가슴이 설레는, 가슴이 뛰는 꿈을 꿔야 합니다.
- 꿈은 구체적·가시적이어야 합니다. 추상적 꿈은 이루어지지 않습니다.
- 일하고 싶은 분야에서 최고의 위치에 오르는 걸 꿈꿔야 합니다. 꿈은 눈높이입니다.
- 세계가 무대인 꿈을 꿔야 합니다. 우리나라는 너무 좁습니다.
- 기적을 이룰 수 있는 꿈으로 세상을 바꿔보겠다는 포부를 가져야 합니다.
- 이루기 위해서라면 젊음을 모두 바칠 수 있는 모험적 꿈을 꿔야

합니다.

● 목표 기간 내에 달성이 쉽지 않은 꿈을 꿔야 합니다. 쉽게 달성하면 그곳에 머물게 됩니다.

### 작성 사례

**제1행복설계–내 '꿈의 목록'**

|  | 되고 싶은 사람 | 하고 싶은 일 | 가지고 싶은 것 |
|---|---|---|---|
| 1년<br>이내 | 학과 수석 | 책을 1만 페이지 읽기.<br>사진 공부 하기.<br>운전면허 취득.<br>스피치학원 등록.<br>식품산업기사 자격시험 패스.<br>봉사 활동 20시간 달성. | 카메라(캐논 6D)<br>운전면허증<br>식품산업기사 자격증 |
| 10년<br>이내 | 식품영양학 석·박사<br>한국사진협회 인증<br>작가 | 유럽 배낭여행.<br>결혼하기.<br>피아노 10곡 이상 연주하기.<br>부모님께 안마의자<br>사드리기. | 박사학위증<br>사랑하는 남편<br>전용 피아노 |
| 평생 | 세계 100대 여성<br>식품영양학 교수<br>한국장학재단 멘토<br>세계적 사진작가 | 자서전 쓰기.<br>전공 분야 교재 집필하기.<br>세계 유명 저널에 논문 게재.<br>세계 사진공모전 입상. | 자서전<br>전공 분야 대학교재<br>논문이 게재된<br>유명 저널<br>대지 200평 단독주택 |

# 제2행복설계 - 자신에게 충실하기

**작성 방법**

- 자신이 충실하게 따를 수 있을 활동 기준을 설계해 바른 삶을 살아가기 위함입니다.
- 대분류를 늘려야 한다면 그렇게 하더라도 무방하며, 사례를 참조해 생각대로 중분류를 나눕니다. 모든 분류와 활동 방법은 본인이 하려는 대로 작성합니다.
- 하고 싶은 활동 내용을 자신의 생각에 따라 구체적으로 기록합니다.
- 구체적 활동 목표가 있다면 그 목표도 기록합니다. 목표를 정하기 어렵다면 무엇을 어떻게 하겠다는 다짐과 선언을 해도 좋습니다.

| 활동 구분 | | 활동 방법과 다짐 | 활동 목표 |
|---|---|---|---|
| 대분류 | 중분류 | | |
| 자기<br>사랑 | 나의 정체성 | 자신이 누구인지? 장차 어떤 사람이 될지 간단명료하게 서술한다. | 정체성 확립 |
| | 삶의 원칙 | 자기가 추구하는 가치와 반드시 지켜나갈 원칙을 선언한다. | 원칙 확립 |
| | 자신감 가지기 | 자신감이 충만하기 위해 선언한다. | '자신감 목록' 작성 |
| | 꿈 확인하기 | '꿈의 목록'을 자주 확인해 마음에 새긴다. | 6개월 단위 |
| 기쁨<br>음미 | 추억 되새기기 | 기쁨의 추억은 반추할 수 있도록 한다. | '추억 목록' 작성 |
| | | | '올해의 10대 뉴스' 작성 |
| | 기쁨일기 | 하루의 기뻤던 일을 기록으로 남긴다. | 일기 작성 |

| | 웃음스티커 | 웃음스티커의 활용 방법을 기록한다. | |
|---|---|---|---|
| 웃기 | 웃는 얼굴 만들기 | 웃는 연습을 할 방법을 기술한다. | 매일 연습하기 |
| | 웃음 즐기기 | 항상 웃고, 웃음을 즐기기 위한 방법을 찾는다. | |
| 취미 활동 | 취미-1 | 즐기고 있는 취미나 앞으로 더 만들고 싶은 취미를 계획한다. | 월 n회 |
| | 취미-2 | | 매주 n회 |
| | 취미-n | | |
| | 배우자와 함께 | 배우자와 함께하겠다는 선언을 하고, 배우자와 함께할 취미를 계획한다. | |
| 정신 건강 활동 | 사회 활동(모임) | 하고 있거나 하고 싶은 사회 활동을 기록한다. | |
| | 평생학습 활동 | 앞으로 배우고 싶은 사항에 대해 계획한다. | |
| | 독서 활동 | 독서에 대한 의지를 기록한다. | 월 n권 읽기 |
| | 글쓰기 활동 | 글쓰기에 대한 의지를 다진다. 내 이야기, '감사 목록', 일기 등을 쓰기로 마음을 먹는다. | |
| | 전시회 참관 활동 | 각종 전시회 참관을 계획한다. | 년 n회 참관 |
| | 전람회 참관 활동 | 각종 전람회 참관을 계획한다. | 년 n회 참관 |
| | 문화생활 | 연극 · 영화 · 음악회 또는 각종 공연 등에 대한 계획을 기록한다. | 월 n회 |
| 육체 건강 활동 | 섭생 | | 편식 · 과식 · 과음 등을 자제하겠다는 각오를 선언하고 지켜나가겠다고 다짐한다. | |
| | 운동 | 운동-1 | 하고 있거나 앞으로 해야겠다고 생각하는 운동에 대해 계획한다. | 1주일에 n회 |
| | | 운동-2 | | 하루 30분 |
| | | 운동-n | | |
| | 자세 | | 걷기 자세나 앉기 자세 등에 대한 각오와 자세 연습 계획을 기록한다. | |
| | 위생 | | 위생에 관한 구체적 각오를 피력한다. | |
| | 검진 | | 건강 검진에 대한 각오를 피력한다. | 일반 검진 년 1회 치과 검진 6개월 단위 |

## 제2행복설계 – 자신에게 충실하기

| 활동 구분 | | 활동 방법과 다짐 | 활동 목표 |
|---|---|---|---|
| 대분류 | 중분류 | | |
| 자기 사랑 | 나의 정체성 | 나는 능동적·도전적 삶을 살아가면서 남이 시도하지 않는 분야에서 최고의 위치에 오를 것이다. 그런 노력으로 노벨 생리학·의학상 수상자가 될 사람이다. | 정체성 확립 |
| | 삶의 원칙 | 나는 사람들에게 상처를 주지 않도록 항상 남들을 배려하며, 내가 가진 것을 나누는 삶을 살아갈 것이다. | 원칙 확립 |
| | 자신감 가지기 | 나는 다양한 능력을 많이 갖고 있기 때문에 어떤 일이라도 할 수 있다. | '자신감 목록' 작성 |
| | 꿈 확인하기 | 6개월마다 '꿈의 목록'을 확인해 수정한다. | 6개월 단위 |
| 기쁨 음미 | 추억 되새기기 | '추억 목록'을 작성하고 간단한 글을 쓴다. | '추억 목록' 작성 |
| | | 매년 '올해의 10대 뉴스'를 작성한다. | '올해의 10대 뉴스' 작성 |
| | 기쁨일기 | 저녁마다 그날 있었던 '기뻤던 일'을 기록한다. | '기쁨일기' 작성 |
| 웃기 | 웃음스티커 | 웃음스티커를 보이는 곳마다 부착한 뒤 볼 때마다 웃어본다. | 항상 |
| | 웃는 얼굴 만들기 | 거울에 얼굴이 비칠 때마다 웃어보며, 항상 웃는 얼굴 모습을 만든다. | 매일 연습하기 |
| | 웃음 즐기기 | 웃음 프로그램과 유머를 즐긴다. | |
| 취미 활동 | 사진 | 작품 활동을 계속한다. | 월 1~2회 출사 |
| | 바둑 | 바둑동호회에 참석하거나, 인터넷 바둑을 즐긴다. | 월 2회 |
| | 스포츠 관람 | 프로야구를 직접 관람한다. | 월 1회 |

| | | | |
|---|---|---|---|
| | 공연 관람 | 영화를 관람한다. | 월 1회 |
| | | 연극 · 창극 · 뮤지컬 등을 관람한다. | 년 2회 |
| | 여행 | 국내여행을 매년 2회씩, 해외여행을 2년마다 1회씩 간다. | 년 단위 |
| | 배우자와 함께 | 아내와 함께하는 취미 중심으로 활동한다. | 항상 |
| 정신 건강 활동 | 사회 활동 (모임) | 모임에 가급적 많이 참석하고, 적극적으로 활동한다. | 현재 활동 중인 모임 |
| | 평생학습 | 평생학습 활동을 지속한다. | 년 1회 이상 |
| | 독서 | 교양 증진을 위한 서적, 특히 소설이나 에세이 등 문학서적을 읽는다. | 월 1권 이상 |
| | 글쓰기 | '감사일기'를 쓴다. | 매일 |
| | 전시회 참관 | 각종 산업 전시회를 참관한다. | 년 1회 |
| | 전람회 참관 | 사진 · 미술 등의 전람회를 참관한다. | 년 2회 |
| | 문화생활 | 연극 · 영화 · 음악회 또는 각종 공연 등에 대한 계획을 기록한다. | 월 1회 |
| 육체 건강 활동 | 섭생 | 편식 · 과식 · 과음은 절대 하지 않는다. | |
| | 운동 아침운동 | 맨손체조를 4세트 한다. | 매일 아침 |
| | 운동 자전거 타기 | 실내 자전거를 탄다. | 하루 30분 |
| | 운동 헬스 | 아파트의 헬스동호회에 나간다. | 주 4회 이상 |
| | 운동 기타 | 등산한다. | 월 2회 |
| | 자세 | 걸을 때나 앉을 때 자세에 유의한다. | 항상 |
| | 위생 | 개인 · 공중위생을 철저히 한다. | 항상 |
| | 검진 | 건강보험 정기 검진을 받는다. | 일반 검진 년 1회 |
| | | 치과 · 안과 검진을 받는다. | 6개월 단위 |

# 제3행복설계 - 좋은 인간관계 만들기

작성 방법

- "좋은 인간관계를 만들기 위해 나는 어떻게 실천하겠다!"는 식으로 구체적 방법·목표를 정하거나 다짐하고서 스스로에게 선언합니다.
- 할 수 있는 범위 내에서, 실천할 수 있는 계획을 세우거나 다짐합니다.
- '활동 구분'을 보다 세분하거나 추가하고 싶으면 그렇게 해도 좋습니다.
- '활동 방법과 다짐'에는 생각에 따라 하고 싶은 활동 내용을 기록합니다.
- 구체적 활동 목표를 정할 수 있으면 그 목표를 기록합니다. 구체적 목표가 없으면 "어떻게 행동하겠다!"고 선언·다짐하는 내용을 기록해도 좋습니다.

작성 사례

### 제3행복설계 – 좋은 인간관계 만들기

| 활동 구분 | 활동 방법과 다짐 | 활동 목표 |
|---|---|---|
| 친절하기 | 언제 어디서나 사람을 만나면 내가 먼저 인사한다. | 항상 |
| | 무재칠시(無財七施)의 뜻을 익히고 생활화한다. | |

| | | | |
|---|---|---|---|
| 사랑<br>하기 | 관심<br>가지기 | 친구 · 친지 목록을 작성 · 관리한다. | 친구·친지 목록 |
| | | 정기적 안부전화를 생활화한다. | 정기적으로 |
| | 경청하기 | 내 말은 적게 하고, 상대방의 말을 더 듣는다. | 항상 |
| | | 다른 사람이 말할 때 딴짓하지 않는다. | |
| | 이해하기 | 상대방이 말하는 점에 대해 긍정적으로 생각한다. | 항상 |
| | | 상대방이 하는 말의 내면을 더 알아본다. | |
| | 배려하기 | 내 말이나 행동이 상대방을 불편하게 만들지 않<br>게 한다. | 항상 |
| | | 내 말이나 행동이 상대방에게 미칠 영향을<br>생각한다. | |
| | 양보하기 | 내 의견이 상대방의 의견보다 더 옳더라도<br>양보한다. | 항상 |
| | | 내가 작은 양보를 하면 상대방도 내게 더 큰 양<br>보를 한다는 사실을 인식하자. | |
| 칭찬하기 | | 칭찬을 생활화하자. | 하루 3번 이상 |
| | | 사람을 만나면 칭찬으로 시작하자. | 만날 때마다 |
| 감사하기 | | '감사 목록'을 작성하자. | '감사 목록' 작성 |
| | | '감사일기'를 작성하자. | 매일 작성 |
| 용서하기 | | 주관적 · 객관적 용서의 편지를 작성하자. | 필요시 작성 |
| | | 영화스크린 기법을 활용하자. | 필요시 활용 |
| 봉사하기 | | 자원봉사정보를 모아놓은 '1365 자원봉사포털<br>(www.1365.go.kr/)'을 활용하면서 자원봉사<br>활동을 하다. | 년 2회 |
| | | 친구들 모임에서 궂은 일을 솔선해서 맡자. | 항상 |
| 기부하기 | | 사회 모금 기관에 일정액씩 정기 기부하자. | 월 1퍼센트 |
| | | 연말에 어려운 이웃들을 목돈으로 도와주자. | 100만 원 |

# 제4행복설계 - 올바르게 일하기

- 올바르게 일하기 위한 구체적 활동 방법이란, 일에 임할 때 각 오를 다지고 스스로에게 선언하는 것을 말합니다.
- 올바른 생각으로 일하기 위한 다짐은 자신에 의한, 자신을 위한, 자신의 선언입니다.
- 물론 구체적 활동 계획이 더 많으면 276페이지의 표에 행을 더 삽입해 사용해도 무방합니다.
- 구분을 보다 세분하거나 추가하고 싶으면 추가하십시오.

| 생각의 구분 | | 활동 방법과 다짐 |
|---|---|---|
| 왜 이 일을 하고 있을까? | | 하는 일의 목적이 무엇인지를 분명하게 한다. 목적을 분명히 인식해야 일에 임하면서 흔들림이 없다. |
| 나는 누구인가? | | '일하는 곳에서 내 역할은 무엇인가?', '내가 추구하는 것은 무엇인가?' 등에 대해 생각을 정리한다. |
| 내가 일하는 직장은 어떤 곳인가? | | 몸담아 일하는 직장의 존재 목적과 추구하는 가치 등에 대해 충분히 이해하고, 이를 따르도록 한다. |
| 무슨 일을 할 것인가? | 정의로운 일하기 | 내가 하려는 일은 정의로운 일인지 생각해본다. 만약 정의롭지 못한 일을 하게 된다면 이를 거부해야 한다. |
| | 하고 싶은 일 하기 | 하기 싫은 일을 하게 되더라도 마음을 바꿔 먹고서 하고 싶은 일로 만든다. |

| | | |
|---|---|---|
| 어떻게 일할 것인가? | 주도적으로 일하기 | 일은 내가 앞장서서 해야 성과도 높일 수 있고, 일하는 데 따른 행복도 크다. 그러니 내 소신을 분명히 하고 앞장서서 일에 임한다. |
| | 일에 몰입하기 | 일에 몰입하면 능력 이상의 성과를 낼 수 있고, 행복도 커진다. 그러니 목적을 파악하고 목표를 분명히 하며 집중한다면 일에 몰입할 수 있다. |
| | 능력 키우기 | 능력은 자신감을 키우거나, 일의 성과·효율을 증진시키는 데 필수 요소다. 능력이 커질수록 다른 사람의 귀감이 되며, 위상도 높아진다. |
| | 성취감 느끼기 | 일을 나누어 완성시키면서 성취감을 연달아 누린다. 일하면서 많은 행복을 얻을 수 있도록 한다. |
| | 신뢰와 인정을 받기 | 조직생활에서 신뢰와 인정은 반드시 필요한 요소다. 그러니 올바른 자세를 취하고 약속을 잘 지킴으로써 신뢰와 인정을 받는다. |
| 일을 잘한다는 평판 듣기 | 일에 앞서 생각하기 | 일의 시작에 앞서 전략적 사고를 통해 전략을 수립한다. SWOT 분석 기법과 전략대안 수립이 몸에 배도록 한다. |
| | 일하는 과정 | 기본적으로 일하는 과정, 즉 PDCA 사이클을 지키면서 일한다. 가장 기본적 사항이 가장 중요하다는 점을 늘 잊지 않는다. |
| | 일 처리 방법 | 크고 어려운 일에 도전하고, 계획을 빈틈없게 세운다. 이러한 일반적 일 처리 방법 등이 머릿속에서 떠나지 않도록 한다. |

### 작성 사례

## 제4행복설계 – 올바르게 일하기

| 생각의 구분 | 활동 방법과 다짐 |
|---|---|
| 왜 이 일을 하고 있을까? | 나는 내 가족과 내 행복을 위해 성취와 대가의 균형을 추구하며, 일하면서 행복을 누리겠다. |
| 나는 누구인가? | 나는 내가 몸담고 있는 직장에서 중요한 역할을 담당한 사람이다. 나는 전문직업인으로서 맡은 임무에 충실하겠다. |

| 내가 일하는 직장은 어떤 곳인가? | | 내가 일하는 직장은 일반 기업으로서, 성과 창출을 우선으로 하는 공동체라는 점을 잘 알고 있다. |
|---|---|---|
| 무슨 일을 할 것인가? | 정의로운 일 하기 | 나는 내게 이익이 돌아오더라도 그것이 부도덕한 일이라면 절대 하지 않겠다. |
| | | 나는 윤리와 도덕, 법과 사회 제도에 어긋나는 일은 하지 않겠다. |
| | 하고 싶은 일 하기 | 나는 주어지는 일을 항상 긍정적으로 수행하겠다. |
| | | 나는 내키지 않는 일을 맡게 되더라도 내 생각을 더해 즐겁게 일하겠다. |
| | | 나는 내가 하고 싶은 일을 찾아내거나, 새롭게 만듦으로써 항상 하고 싶은 일을 할 수 있도록 노력하겠다. |
| 어떻게 일할 것인가? | 주도적으로 일하기 | 나는 내 소신을 갖고서 남에게 당당하게 주장할 것이다. |
| | | 나는 적극적으로 남보다 먼저 일을 찾아서 하겠다. |
| | 일에 몰입하기 | 나는 어떤 일을 하든 목적과 계획을 잘 파악하고 일하겠다. |
| | | 나는 어떤 환경에서도 일에 몰입할 수도 있도록 평소에 집중력 강화 훈련을 하겠다. |
| | 능력 키우기 | 나는 내 꿈을 이루기 위한 능력을 충분히 갖출 것이며, '제5행복설계 – 꿈을 이루기 위한 능력 목록'을 철저하게 작성하고 관리하겠다. |
| | 성취감 느끼기 | 나는 어떤 일이라도 한꺼번에 해치우려는 욕심을 내지 않을 것이며, 항상 일을 적절하게 나누어 차근차근 수행하겠다. |
| | | 나는 일을 적절하게 나누어 할 것이며, 각각을 성취할 때마다 관계가 있는 사람들과 함께 성취의 행복을 나누며 살아가겠다. |
| | 신뢰와 인정을 받기 | 나는 여기에 작성한 '올바르게 일하는 자세'를 잘 지켜나가겠다. |
| | | 나는 지킬 수 없는 약속은 하지 않을 것이며, 약속을 했다면 철저하게 지키겠다. |
| | | 나는 항상 내가 한 일이 최선의 결과를 낳도록 노력하겠다. |

| | | 나는 일을 하기에 앞서 목표를 설정하겠다. |
|---|---|---|
| 일을 잘한다는 평판 듣기 | 일에 앞서 생각하기 | 나는 일에 앞서 반드시 SWOT 분석에 의한 전략적 사고를 통해 다양한 시각에서 빈틈없이 준비하겠다. |
| | | 나는 일의 우선순위와 핵심 역량을 파악하고 일을 시작하겠다. |
| | 일하는 과정 | 나는 일하는 기본 과정을 잘 지키면서 일하겠다. |
| | | 나는 철저하게 계획하며, 현장 확인을 통해 점검하고 적절하게 조정하겠다. |
| | 일 처리 방법 | 나는 항상 합리적 방법으로 일을 처리하겠다. |
| | | 나는 '더하기—1. 일을 잘한다는 평판 듣기'의 내용을 준수하기 위해 최선을 다하겠다. |

# 제5행복설계 - 꿈을 이루기 위한 능력 목록

## 작성 방법

- '전문지식 및 능력'에서는 꿈을 이루는데 필요한 지식이나 능력을 세분합니다. '전문지식 및 능력'은 다시 대분류 · 중분류 · 소분류로 구분하며, 소분류에는 학교 등 교육기관에서 강의를 듣고 훈련을 받을 수 있거나 독학할 수 있는 과목명을 넣습니다.
- '능력 수준'은 꿈을 이루는데 필요한 능력 수준의 기준 자료입니다.
- '최종 목표'는 꿈을 이루는데 필요하다고 생각되는 최종 수준입니다.
- '평가 수준'은 현재 갖추고 있다고 스스로 평가한 능력 수준입니다.
- '차기 목표'는 다음에 평가할 때까지 높여나갈 능력 수준입니다.

※ '능력 수준'은 다음과 같은 5단계로 측정하면 편리합니다.
1 : 기본 개념과 주요 단어 정도는 알고 있지만, 아직 기본 교육도 받지 못한 상태
2 : 기본 교육을 받아 기본 사항은 익혔으나, 훈련과 적용 경험이 부족한 상태
3 : 기본적 활용은 가능하지만, 부분적으로 다른 사람의 도움이 필요한 상태

4 : 활용하는데 아무런 문제도 없고, 중급 정도의 교육도 가능한
   상태

5 : 자유로운 활용·응용이 가능하고, 고급 수준의 교육도 할 수 있
   는 전문가 수준

- '능력 분석 결과에 대한 대응 방안'에는 능력 목록 작성 후 현재
  능력에 대한 앞으로의 대응 계획을 상세하게 기록하고, 이를 능
  력 계발의 기준으로 삼을 수 있도록 합니다.
- 자기 관리와 관련된 능력은 '제2행복설계 – 자신에게 충실하기'로
  관리하고, 인간관계와 관련된 능력은 '제3행복설계 – 좋은 인간관
  계 만들기'로 관리하는 것이 좋습니다.

**작성 사례**

### 제5행복설계 – 꿈을 이루기 위한 능력 목록

| 전문지식 및 능력 | | | 능력 수준 | | |
|---|---|---|---|---|---|
| 대분류 | 중분류 | 소분류(수강·훈련 과목) | 목표<br>수준 | 평가<br>수준 | 차기<br>목표 |
| 자기 표현 | 몸가짐 | 세련된 태도와 예절 | 5 | 3 | 4 |
| | 말하기 | 설득과 협상 | 4 | 1 | 3 |
| | | 프레젠테이션 등 발표 능력 | 5 | 2 | 4 |
| | 글쓰기 | 일반 글쓰기 | 4 | 3 | 4 |
| | | 사무용 보고서 작성 | 5 | 2 | 4 |

| | | | | | |
|---|---|---|---|---|---|
| 일반 지식 | 어학 능력 | 영어 말하기 | 5 | 2 | 3 |
| | | TOEIC | 900 | 650 | 800 |
| | | 중국어나 일본어 등 제2외국어 | 3 | 1 | 3 |
| | 사무도구 활용 능력 | 워드 프로세서 | 4 | 3 | 4 |
| | | 엑셀 | 4 | 3 | 4 |
| | | 파워포인트 | 5 | 2 | 4 |
| | 역사 지식 | 한국사 능력시험 | 4 | 2 | 4 |
| 전공 지식 | 프로그램 언어 | C++ | 5 | 3 | 5 |
| | | C# | 5 | 2 | 4 |
| | | JAVA | 5 | 1 | 3 |
| | 오퍼레이팅 (Operating) 시스템 | Windows | 5 | 3 | 4 |
| | | UNIX | 5 | 3 | 4 |
| | | Linux | 5 | 2 | 3 |
| | 데이터베이스 (Data Base) | 자료 구조 | 5 | 3 | 4 |
| | | my SQL | 5 | 1 | 3 |
| | | Oracle | 5 | 1 | 3 |
| 관련 지식 | 전공 상식 | 컴퓨터통신 | 4 | 2 | 4 |
| | | 정보기술(IT) 동향 | 5 | 3 | 4 |
| | 인터넷 활용 | 정보 검색 능력 | 5 | 3 | 5 |
| 창의력 | 꾀주머니 채워 넣기 | | 1 건/월 | | |

## 능력 분석 결과에 대한 대응 방안

**예시**

- 상당히 높은 편이라고 자신만만했던 자기 표현 능력이 실제로는 많이 부족하다. 열심히 개선해야겠다.
- 아직은 외국어 능력이 많이 모자란다. 외국어 능력 향상을 위해 더욱 박차를 가해야겠다.
- 역사에 관심이 많아 한국사 능력시험을 보려고 하는데 한국사 지식이 너무 적다. 더욱 열심히!!
- 전공 분야 중에서 프로그램 언어가 많이 부족하다.
- 데이터베이스 분야의 수준이 더욱 떨어진다.
- 그런대로 잘한다고 생각했는데, 능력을 분석해놓고 보니 균형이 맞지 않는 점이 많다. 부족한 능력들을 집중적으로 향상시킬 계획을 세우고 실천하자.
- 창의력 증진을 위해 계획한 대로 반드시 꾀주머니를 채워나갈 것이다.